insel taschenbuch 4808

Thomas Anz

Marcel Reich-Ranicki

Sein Leben

Über ein halbes Jahrhundert prägte Marcel Reich-Ranicki als erfolgreichster, wirkungsvollster und umstrittenster Kritiker die deutsche Literaturlandschaft.

Geboren 1920 in Polen, verbrachte er den Großteil seiner Kindheit und Jugend in Berlin, bis er 1938 von den Nationalsozialisten nach Warschau deportiert wurde. Im Getto lernte er seine spätere Frau Teofila kennen, gemeinsam gelingt es ihnen, 1943 zu fliehen und sich zu verstecken. Nach Kriegsende war er für den polnischen Geheimdienst und das polnische Konsulat in London tätig, wurde aber 1950 entlassen und aus der Kommunistischen Partei ausgeschlossen. 1958 kehrte er nach Deutschland zurück, zunächst nach Hamburg, dann nach Frankfurt am Main, wo er bis zu seinem Tod im Jahr 2013 lebte.

In diesem Leben gibt es, das zeigt die Biografie von Thomas Anz, einen »doppelten Boden«, hinter dem viel zu entdecken ist: über den Zusammenhang seiner starken Mutterbindung mit seiner obsessiven Liebe zur deutschen Literatur, über das Scheitern seiner Karriere im polnischen Geheimdienst, über die verborgenen Motive beim Schreiben seiner Autobiografie oder über die Kriterien seiner Kritik.

Thomas Anz, Nachlassverwalter Marcel Reich-Ranickis, stellt die bewegte und bewegende Lebensgeschichte des berühmten Literaturkritikers dar, bezieht die letzten Lebensjahre mit ein, berücksichtigt jüngere Forschungen und greift auf bisher unbekannte Dokumente aus dem Nachlass zurück.

Thomas Anz, geboren 1948 in Göttingen, ist Literaturwissenschaftler. Bis zu seiner Emeritierung war er Professor für Neuere Deutsche Literatur an der Universität Marburg. Er wurde von Marcel Reich-Ranicki zu seinem Nachlassverwalter bestimmt.

THOMAS ANZ

MARCEL REICH-RANICKI
SEIN LEBEN

Mit zahlreichen Fotografien

Insel Verlag

Erste Auflage 2020
insel taschenbuch 4808
Originalausgabe

Vertrieb durch den Suhrkamp Taschenbuch Verlag
Umschlag: Designbüro Lübbeke, Naumann, Thoben, Köln
Umschlagfoto: Action Press, Hamburg
Druck: CPI – Ebner & Spiegel, Ulm
Printed in Germany
ISBN 978-3-458-68108-3

MARCEL REICH-RANICKI
SEIN LEBEN

INHALT

KARRIERE EINES KRITIKERS

Vor mehr als zwei Jahrhunderten veröffentlichte der 24-jährige Goethe das Gedicht über jenen unverschämten Kerl, der sich bei seinem Gastgeber erst satt isst und hinterher bei anderen über das Essen mäkelt. Die Wut über den undankbaren Schmarotzer gipfelt in den Ausrufen: »Der tausend Sackerment! / Schlagt ihn tot, den Hund! Er ist ein Rezensent.«

Marcel Reich-Ranicki lebte damals leider noch nicht, doch vor einigen Jahren hat er Goethe endlich geantwortet, hat zu dem Gedicht mit dem Titel »Rezensent« gleichsam eine späte Rezension geschrieben. Und obwohl Reich-Ranicki schon damals immer wieder beteuerte, nicht mehr »lauter Verrisse« zu schreiben und tatsächlich nur noch selten solche schrieb, gerieten ihm seine Ausführungen zu diesem Gedicht in der *Frankfurter Anthologie* zum Totalverriss: Goethe, so Reich-Ranicki, »genießt den Ruf, Deutschlands größter Lyriker zu sein. Das stimmt schon. Wenn es um die Poesie geht, kann ihm keiner das Wasser reichen. Aber natürlich hat auch er, der unverbesserliche Vielschreiber, zahlreiche mäßige oder schwache Gedichte produziert, gelegentlich sogar törichte. Doch das dümmste, das seiner Feder entstammt, ist wohl das Gedicht ›Rezensent‹.« (*G* 128)

Hinter der demonstrativen Respektlosigkeit dieser Zeilen gegenüber einem Autor, den Reich-Ranicki so hoch schätzte wie wenige andere, stand ein sein literaturkritisches Selbstbewusstsein in mehrfacher Hinsicht kennzeichnendes Programm. Es hat zum Erfolg dieses Kritikers wesentlich beigetragen.

Dass Reich-Ranicki in Deutschland der erfolgreichste, der wirkungsvollste und deshalb auch umstrittenste Literaturkritiker der Nachkriegszeit war, steht außer Zweifel. Mehr als er konnte ein Kritiker wohl nicht erreichen. Wie niemand sonst hat er über ein halbes Jahrhundert lang das literarische Leben in Deutschland mitgeprägt – genauer: seit 1958, als er in die Bundesrepublik reiste und nicht mehr nach Polen zurückkehrte.

Ein bewegtes, einen jeden, der darüber liest oder hört, bewegendes Leben hatte der damals 38-Jährige zu diesem Zeitpunkt hinter sich. Als Jude und polnischer Staatsangehöriger konnte er in Berlin zwar 1938 noch sein Abitur machen, das Immatrikulationsgesuch an die Universität wurde jedoch abschlägig beschieden.

Reich-Ranicki arbeitete zunächst als Lehrling in einer Exportfirma, wurde im Herbst 1938 verhaftet und nach Polen deportiert, lebte dort ab 1940 im Warschauer Getto, aus dem er 1943 zusammen mit seiner Frau in den Warschauer Untergrund floh. Sein Vater, seine Mutter, sein Bruder wurden von Deutschen ermordet. Die sowjetische Armee befreite ihn, er trat der Kommunistischen Partei Polens bei, arbeitete in der polnischen Militärkommission in Berlin, im polnischen Außenministerium, 1948 und 1949 als Konsul der Republik Polen in London und zugleich im polnischen Geheimdienst, wurde nach der Rückkehr in Warschau aus der Partei wegen »ideologischer Entfremdung«, so die offizielle Begründung, ausgeschlossen, dann zwei Wochen in einer Einzelzelle gefangen gehalten.

Mit dieser Haftzeit endete Reich-Ranickis politische Karriere im diplomatischen Dienst – und es begann eine neue: Sie stand im Dienst der Literatur. In dem eindrucksvollen

Gespräch, das Joachim Fest im Dezember 1982 mit Reich-Ranicki für die Fernsehserie »Zeugen des Jahrhunderts« führte, erinnerte sich dieser an das Buch, das ihm die Tage im Gefängnis in gewissem Sinn zu den schönsten jener Jahre machte: Anna Seghers *Das siebte Kreuz*. »Unter dem Einfluß dieses Romans in der Gefängniszelle habe ich beschlossen, mich, wenn ich wieder freikomme, vielleicht doch mit der Literatur zu befassen.« (*ZD* 90) »Beruflich«, muss man wohl ergänzen; denn zum enthusiastischen Leser war er schon als Berliner Gymnasiast durch die Anregungen des Theaters und des Deutschunterrichts geworden.

Reich-Ranicki kam frei, und er durfte, unterbrochen von Berufs- und Publikationsverboten, in jenem Reservat arbeiten, in dem man anstößigen Individuen einige Narrenfreiheiten zubilligt: auf dem Gebiet der Literatur und des literarischen Lebens. Er arbeitete in einem Verlag, schrieb für die Zeitung und für den Rundfunk, und er übersetzte – immer als Vermittler deutscher Literatur für polnische Leser.

In der Bundesrepublik stand er 1958 zusammen mit seiner Frau ein weiteres Mal in seinem Leben vor dem Nichts. Geld hatte er keines, doch als kulturelles Kapital immerhin vorzügliche Kenntnisse der deutschen Literatur, publizistische Begabung und Erfahrung sowie einige Bekanntschaften mit westdeutschen Autoren.

Heinrich Böll hatte ihm eine Bürgschaft ausgestellt, die für die Ausreisegenehmigung nötig war. Siegfried Lenz tat damals alles, um ihm Kontakte mit Rundfunksendern und Zeitungen zu verschaffen. Kritiken in der *Welt* und in der *Frankfurter Allgemeinen* sowie die Teilnahme an Tagungen der »Gruppe 47« machten ihn rasch so bekannt und begehrt, dass ihm *Die Zeit* zum 1. Januar 1960 eine ständige

Zusammenarbeit anbot. Frei von redaktionellen Belastungen, schrieb er vierzehn Jahre lang für sie und wurde schnell zu *der* literaturkritischen Instanz der Bundesrepublik. Mit Polemik, Ironie und Neid, mit Bewunderung und Respekt ernannte man ihn in diesen Jahren zum »Großkritiker« und zum »Literaturpapst«, doch seine Fähigkeiten, den Willen zur öffentlichen Wirksamkeit und seine Macht konnte er erst 1973, als er die Leitung des Literaturteils der *Frankfurter Allgemeinen* übernahm, ganz entfalten. Er machte sie zur buch- und literaturfreundlichsten Zeitung Deutschlands. Er machte sie aber auch zur Krönung seiner Kritikerkarriere.

So schien es zumindest. Als Reich-Ranicki Ende 1988, weil es die Gesetze der *FAZ* so vorschrieben, die Leitung des Literaturteils an einen Jüngeren abgeben musste, glaubten manche, eine Ära der Literaturkritik sei zu Ende, ein Generationenwechsel vollzogen; es finde gleichsam ein Artensterben statt. Denn der Typus des Großkritikers, den Reich-Ranicki ebenso wie Friedrich Sieburg, Günter Blöcker, Walter Jens, Fritz J. Raddatz oder Joachim Kaiser, nur viel vollkommener als alle diese, verkörperte, sei vom Aussterben bedroht.

Nachdem die Kommentare zu Reich-Ranickis Abgang schon den Ton von Nachrufen angestimmt hatten, belehrte dieser die Öffentlichkeit schnell eines Besseren. Abgesehen davon, dass er in der *FAZ* Herausgeber und Redakteur der von ihm 1974 ins Leben gerufenen *Frankfurter Anthologie* blieb und weiterhin literaturkritische Beiträge in dieser Zeitung veröffentlichte, hat sich das Spektrum seiner Wirkungsmöglichkeiten nur noch erweitert. Im *Spiegel* und auch wieder in der *Zeit* konnte man ihn gelegentlich lesen, vor allem aber konnte man ihn hören und sehen – in seinem »Literarischen Quartett«.

Abb. 1: Marcel Reich-Ranicki. Portraitfotografie vom 22. April 1994 in Hamburg

Abb. 2: Portraitaufnahme, 1997

Das Fernsehen, diese gewiss in vieler Hinsicht fragwürdige, aber zweifellos wirksamste Animationsmaschinerie in Sachen Literatur, hatte Reich-Ranicki noch gefehlt. Mit ihm gelang es, seine Popularitätskurve erneut kräftig steigen zu lassen. Sie schien danach nicht mehr überbietbar. Bis *Mein Leben* erschien. Seinen größten und eindrucksvollsten Erfolg hatte Reich-Ranicki im Alter von beinahe achtzig Jahren – als Schriftsteller, als Autor seiner Autobiografie.

Seinem Beruf, der Literaturkritik, blieb er jedoch treu. *Kritik als Beruf* heißt programmatisch eines seiner letzten Bücher. Es gibt zahllose Schriftsteller, Journalisten oder Literaturwissenschaftler, die auch als Literaturkritiker tätig sind. Reich-Ranicki war, von gelegentlichen Abwegen abgesehen, ausschließlich Kritiker. Diese Spezialisierung und Konzentration machten seine Professionalität aus und waren einer der Gründe für seinen Erfolg.

Seine Wirkung reichte bis in die Wunsch- und Alpträume berühmter Autoren hinein. Seine Kritiken waren gespannt erwartete Ereignisse. Seine Rezensionen und Essays, zunächst in flüchtigen Medien erschienen, hatten sich zu einem dauerhaften literaturkritischen Werk angesammelt, das bis zu seinem Tod in über dreißig selbstständigen Buchpublikationen vorlag. Sie erschienen meist in mehreren überarbeiteten Auflagen oder fanden als Taschenbücher weite Verbreitung. Die Spannbreite all dieser Publikationen ist enorm: Sie umfasst auch zahlreiche Autoren russischer, polnischer, französischer und vor allem englischer Sprache, und sie basiert auf umfassenden und fundierten literarhistorischen Kenntnissen der Literatur seit Shakespeare.

Reich-Ranicki war Gesprächsthema, wo immer man über Literatur redete. Er wurde imitiert und parodiert, war Gegenstand zahlreicher Anekdoten und ist als mehr oder weniger verschlüsselte Figur in Romane, Dramen oder Gedichte bedeutender Autorinnen und Autoren eingegangen. Mit vielen Preisen hat man ihn bedacht, auch mit akademischen Ehren. Als Gastprofessor lehrte er an zahlreichen ausländischen und deutschen Universitäten. Seit 1974 war er Honorarprofessor an der Universität Tübingen. 1972 zeichnete ihn die Universität Uppsala mit der Ehrendoktorwürde aus. Deutsche Universitäten begannen diesem Beispiel erst zwanzig Jahre später zu folgen.

Woher dieser beispiellose Erfolg, diese konkurrenzlose Dominanz eines Literaturkritikers?

Zu den Gründen für seinen Erfolg gehörte die oft provozierende, für Überraschungseffekte allemal gute Respektlosigkeit im kritischen Umgang mit anerkannten Autoritäten. Die eingangs zitierte Polemik gegen Goethes Gedicht ist dafür nur ein Beispiel. In seinem Buch *Der doppelte Boden*, einer Art Summe seiner literarischen Erfahrungen und literaturkritischen Ansichten, geäußert in einem langen, spannenden, höchst anregenden und lehrreichen Gespräch mit dem Zürcher Literaturwissenschaftler und Kritiker Peter von Matt, nennt er die Klassikerverehrung eine »Spezialität des deutschen Untertanen-Staates« und bewundert die Engländer, die nie vor der Frage zurückscheuten: »How good is ›Hamlet‹?« In Reich-Ranickis Übersetzung: »Was taugt eigentlich der Shakespeare?« Shakespeare sei dadurch lebendig geblieben. »Durch das Anzweifeln wird die überlieferte Literatur am Leben erhalten, zumindest in vielen Fällen.« (*DB* 100)

Reich-Ranicki lehrte die Literaturkritik statt einer knienden Haltung den aufrechten Gang. In allen Publikationen ist er ein »Kritiker« im emphatischen Sinn des Wortes: ein engagierter Verteidiger der Kritik gegenüber allen, denen diese genuin aufklärerische Tätigkeit suspekt ist. Auch darin ist seine Reaktion auf Goethes Gedicht typisch. Dass die nationalsozialistische Kulturpolitik 1936 unter dem Vorwand, das schöpferische Genie vor den Zersetzungen der Kritik zu schützen, ein offizielles Verbot der Kunstkritik erließ und sie durch die »Kunstbetrachtung« ersetzte, war für Reich-Ranicki das abschreckende Beispiel in einer langen und bis heute andauernden Tradition der Kritikfeindlichkeit. Gegen sie schrieb er unermüdlich an.

In der Tradition der Aufklärung, der Lessings zumal, verteidigte er die entschiedene Wertung, die Provokation eingespielter Vorurteile. Die polemische Infragestellung anerkannter Autoritäten machte auch vor Lessing nicht Halt. Ihm sagte er zu dessen 200. Todestag nach, er habe »in seinem ganzen Leben zu den Dramen Shakespeares keinen einzigen bemerkenswerten Satz geschrieben«, sondern »immer nur leere Phrasen«. (*AL* 24) Gleichwohl charakterisierte Reich-Ranicki in anderen Passagen dieses Artikels mit Lessing auch sich selbst: »Seine große Leidenschaft hieß Polemik.« Er liebte »den Widerspruch, die Diskussion, den Streit«. (*AL* 16) Lessings Rechtfertigung der Polemik als eine Möglichkeit, die Auseinandersetzung mit Literatur zu dynamisieren, stand Reich-Ranickis Selbstverständnis zweifellos nahe. Wer ihn liest, hört oder sieht, merkt: Er will Recht haben. Zugleich aber suchte er den Widerspruch. Wer ihn genauer kennt, weiß, dass dem »Literaturpapst« der päpstliche Anspruch auf Unfehlbarkeit fremd war. Sein Verständnis von Literaturkritik schloss das Risiko des Fehlurteils programmatisch mit ein. Der gute Kritiker, so betonte er wiederholt, zeichnet sich durch den Mut zur Entscheidung aus. »Wer ›ja‹ oder ›nein‹ sagt, der riskiert natürlich einen großen Irrtum. Den schwachen, den schlechten Kritikern, die stets ›Jein‹ sagen, kann schlimmstenfalls ein halber Irrtum unterlaufen. Die bedeutenden Kritiker erkennt man gerade an ihren Irrtümern, weil sie im Urteil irrend gleichwohl ihre Objekte glänzend zu charakterisieren vermochten.« (*ZD* 15)

In der Tradition der Aufklärung steht auch Reich-Ranickis permanentes Beharren auf einem Maximum literaturkritischer Klarheit und Verständlichkeit. Er begriff sie als Dienst für ein breites, literaturinteressiertes Publikum. Er selbst sieht darin einen der entscheidenden Gründe für seinen Erfolg. Mit den Maßstäben seiner literaturkritischen Urteile – er hatte natürlich welche, auch wenn er das gerne bestritt – maß er zugleich die Qualitäten der Kritik: Literatur und Kritik sollen es dem Leser nicht unnötig schwermachen, sie zu verstehen. Reich-Ranickis hartnäckiges Bemühen, die besonders in Deutschland breite Kluft zwischen anspruchsvoller Literatur und dem literaturinteressierten Publikum zu verkleinern, wenn nicht sogar zu schließen, hat ihn keineswegs daran gehindert, auch schwierige Autoren hoch zu schätzen und öffentlich zu preisen: Wolfgang Koeppen, Thomas Bernhard oder Hermann Burger. Wenn gute Literatur oft schwierig ist, dann hat die Kritik umso mehr die Aufgabe, »zwischen der Kunst und dem Publikum, zwischen der Literatur und ihren Lesern zu vermitteln«. (*DB* 65)

Es sind diese Vermittlungswünsche und -fähigkeiten, die maßgeblich zu Reich-Ranickis öffentlicher Resonanz beigetragen haben. In dem vielfach gespannten Verhältnis zwischen Literaturwissenschaft und journalistischer Kritik bauen seine Publikationen Brücken, und er hat als Redakteur der *FAZ* vielen Literaturwissenschaftlern Gelegenheit gegeben, ihrerseits die Kluft zwischen ihrem Fach und der literarischen Öffentlichkeit zu verringern.

Reich-Ranickis Verrisse und Lobreden bezogen ihre mitreißende Energie aus einer geradezu obsessiven Leidenschaft für Literatur. Noch der heftigsten Kritik war bei Reich-Ranicki die Enttäuschung eines Liebhabers eingeschrieben, der nicht gefunden hat, was er leidenschaftlich suchte. Wem Literatur so viel bedeutet, der meint es ernst, wenn er über sie spricht. Wer Reich-Ranicki jedoch immer ganz ernst nimmt, muss ihn verfehlen. Am Ende seines »Literarischen Quartetts« pflegte er zu sagen: »Alle Fragen offen.« Kennzeichnender für ihn und seine Sendung war indes, was er davor sagte: »Vorhang zu.« Denn was da zu Ende ging, war ein Schauspiel, nicht selten eine Komödie. Alle seine Auftritte und auch seine Rezensionen haben etwas von dem Charakter einer Inszenierung. Peter von Matt hat in dem Gespräch mit Reich-Ranicki die vielleicht verblüffende Bemerkung gemacht, er habe bei der Lektüre der Rezensionssammlung *Lauter Verrisse* viel gelacht. Es sind unter anderem die Stilmittel der überspitzten Formulierung und der maßlosen Übertreibung, die diesen Effekt gewollt hervorbringen. Hierin gleicht Reich-Ranicki einem anderen großen Komödianten und Übertreibungskünstler, den er nicht zufällig außerordentlich schätzte: Thomas Bernhard. Reich-Ranickis Witz entspricht dem, was Literaturkritik seiner Auffassung nach auch zu leisten hat: den Leser zu vergnügen.

Ein Thomas Gottschalk der Literaturkritik? Nein. Ein großartiger Entertainer zwar, aber einer, der seine Begabung, seine Energie, seinen ungeheuren Fleiß und seinen Einfluss nicht an den puren Nonsens verschleuderte, sondern für etwas einsetzte, was Reich-Ranicki neben der Musik über alles liebte: die Literatur.

Über sein Leben zu schreiben muss heißen, seine Arbeit als Literaturkritiker zu beschreiben und zu würdigen. Sie macht seine Bedeutung aus. Sie lässt sich jedoch nicht angemessen verstehen, ohne die Geschichte seines sonstigen Lebens zu kennen. Es ist eine in vielerlei Hinsicht exemplarische Geschichte des 20. und auch noch des 21. Jahrhunderts in Deutschland.

VATER, MUTTER, SOHN

Fast alles, was man bis zum Ende des 20. Jahrhunderts über Reich-Ranickis Leben wusste, hat er selbst erzählt, in Gesprächen und vor allem in seiner 1999 erschienenen Autobiografie *Mein Leben*. Es gab zwar vorher bereits zahllose Berichte, Anekdoten und Impressionen anderer über ihn – seine Person und seine Arbeit sind oft und ausführlich gewürdigt, gelobt oder attackiert worden –, doch umfassendere biografische Veröffentlichungen über ihn sind erst im 21. Jahrhundert erschienen. Einen langen, sehr gut informierten und anschaulich geschriebenen »biographischen Essay« hat allerdings vorher schon Volker Hage, ehemaliger Mitarbeiter von Reich-Ranicki bei der *FAZ* und später leitender Literaturredakteur bei der *Zeit* und beim *Spiegel*, veröffentlicht. Er erschien 1995, als Reich-Ranickis Autobiografie noch nicht vorlag.

Wer bin ich? Woher komme ich? Das sind die Fragen, auf die *Mein Leben* gleich zu Beginn Antworten zu geben versucht. Es besteht kein Grund, Reich-Ranickis eigenen Auskünften zu misstrauen, doch lässt sich ihnen oft mehr entnehmen, als er ausdrücklich schreibt. Auch seine Autobiografie hat jenen »doppelten Boden«, den der Kritiker in seinem Gespräch mit Peter von Matt zum Qualitätskriterium von Literatur erhob:

> Schmuggler haben in früheren Zeiten – und vielleicht ist es heute nicht viel anders – gern Koffer mit einem doppelten Boden verwendet. Wer den Koffer geöffnet hat, sah seinen Inhalt, an dem er sich erfreuen konnte. Er brauchte gar nicht zu wis-

> sen oder zu ahnen, dass der innere Boden des Koffers keineswegs mit dem äußeren identisch ist, dass es also unter dem Boden, der innen sichtbar ist, noch einen zweiten gibt und also ein Zwischenraum entsteht. In diesem Zwischenraum verstaute der Schmuggler das, worauf es ihm ankam und was er vor den Augen der Zöllner oder der Polizei verbergen wollte. So ist es mit der Literatur. Die meisten Leser nehmen zwar Kenntnis von dem, was sich auf Anhieb wahrnehmen lässt, sie ahnen nicht, dass in der Novelle oder im Gedicht noch etwas enthalten ist, ein zweiter, über das unmittelbar Erkennbare hinaus gehender Inhalt. Es mag sein, dass es dem Autor darum geht, was er versteckt hat, dass er also dem Schmuggler ähnelt, der mit einem doppelten Boden arbeitet. Es gibt Schriftsteller, die sich um das Zeichenhafte überhaupt nicht zu bemühen brauchen – so will es jedenfalls scheinen –, und es ist dennoch immer da. (*DB* 45)

Da Autobiografien generell, wie auch Biografien, ein kaum entwirrbares Gemisch von Realität und Fiktion, von »Dichtung und Wahrheit« sind, ist es nicht ehrenrührig, wenn man, wie Reich-Ranicki den guten Schriftsteller, auch den Autobiografen mit einem Schmuggler vergleicht. Der Koffer eines Schmugglers enthält mehr und anderes als das, was auf den ersten Blick in ihm sichtbar ist.

Offen sichtbar sind die Fakten: In Włocławek, einem polnischen Städtchen an der Weichsel, kam er am 2. Juni 1920 zur Welt. Er blieb das jüngste Kind in der Familie: Die Schwester war dreizehn, der Bruder neun Jahre älter.

Der Vater, damals vierzig Jahre alt, hieß David Reich, war in Polen geboren und Sohn eines erfolgreichen jüdischen Kaufmanns. Die vier Jahre jüngere Mutter Helene Reich, geborene Auerbach, war eine Deutsche, ihr Vater ein verarmter Rabbiner. Sie kam aus Preußen, war in der deutschen Kultur verwurzelt und wurde durch ihre Ehe nach Polen gleichsam verbannt.

Doppelbödiger ist die vom Autobiografen geschilderte Beziehung des Sohnes zum Vater und zur Mutter. Nur mit Einschränkungen entspricht sie jener zeittypischen Familienkonstellation, die damals die Psychoanalyse beschrieben und in Erinnerung an den antiken Ödipus-Mythos auf den Begriff gebracht hat. Kafka und viele andere Autoren haben sie im ersten Drittel des 20. Jahrhunderts literarisch ausgemalt. Der Fall Marcel Reich ist ein anderer. Zwar liebt der Sohn die Mutter, aber er rivalisiert nicht mit einem übermächtigen Vater.

DER SCHWACHE VATER

Wie Reich-Ranickis Autobiografie den Vater charakterisiert, ist gleichwohl beklemmend. »Er war solide und anspruchslos, gütig und liebenswert.« (*ML* 22) Geliebt hat der Sohn den Vater jedoch nicht. Er hat ihn verachtet. Noch die Autobiografie des fast 80-Jährigen ist davon gezeichnet. Den üblichen Konflikt zwischen Vater und Sohn habe er nie selbst gekannt. »Wie hätte auch ein solcher Konflikt entstehen können, da ich meinen Vater niemals gehaßt und leider auch niemals geachtet, sondern immer bloß bemitleidet habe.« (*ML* 56) Es gibt in der Autobiografie kaum eine andere Person, die mit solcher Vehemenz kritisiert wird. Nur die Musikalität des Vaters wird positiv erwähnt. Ansonsten hat der Sohn unter ihm gelitten. Und zwar nicht, weil er zu stark, sondern weil er zu schwach war. »Das Scheitern meines Vaters, kläglich und erbärmlich zugleich, warf einen düsteren Schatten nicht nur auf meine Jugend.« (*ML* 24)

Der Vater wird schuldig gesprochen für eine vom Kind nur undeutlich, doch intensiv wahrgenommene »Familienkatastrophe«. Diese »hatte zwei Gründe: die große Wirtschaftskrise und meines Vaters Mentalität.«

> Kurz nach dem Ersten Weltkrieg hatte er in Wloclawek – wahrscheinlich mit dem Geld seines Vaters – eine Firma gegründet, eine kleine Fabrik, in der Baumaterialien produziert wurden. Er bezeichnete sich gerne als »Industrieller«. Doch in den späten zwanziger Jahren hat man in Polen immer weniger gebaut, der Bankrott der Firma ließ sich nicht mehr vermeiden. Das war damals nicht ungewöhnlich, was freilich meine Mutter nicht trösten konnte: Hätte ihr Mann, pflegte sie zu sagen, Särge hergestellt, dann würden die Menschen aufhören zu sterben. (*ML* 23)

Was damals, zumal in einer jüdischen Familie, die Fähigkeit des Vaters bedeutete, Frau und Kinder zu versorgen, wissen wir nicht zuletzt aus den Briefen, Tagebüchern und literarischen Werken Kafkas. Erst als Ernährer einer Familie galt ein Mann wirklich als Mann. Als Gregor Samsa, der vom Vater die Rolle des Familienernährers übernommen hat, eines Morgens seinem Beruf nicht mehr nachkommt, sieht er sich in ein Ungeziefer verwandelt.

Dass der Vater 1929 die Familie nicht mehr ernähren konnte, hat ihm der damals neunjährige Sohn nie verziehen. »Er war ein Geschäftsmann und Unternehmer, dessen Geschäfte und Unternehmungen in der Regel wenig oder nichts

Abb. 3: Marcel als Kind, 1923

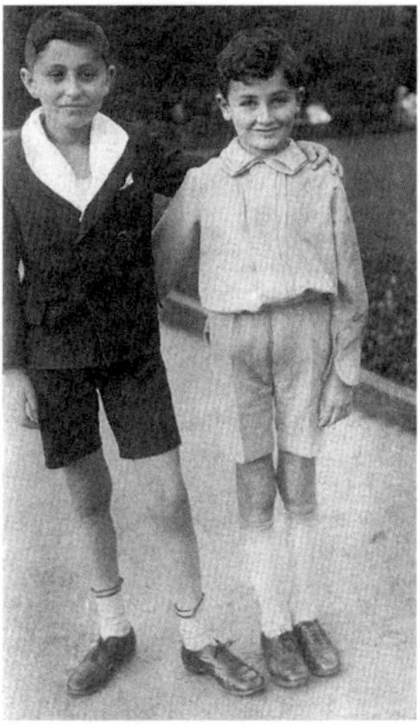

Abb. 4: Der Neunjährige (links)

Abb. 5: David Reich (1880-1942)

Abb. 6: Helene Reich (1884-1942)

Abb. 7: Mit dem Vater 1937 in Berlin

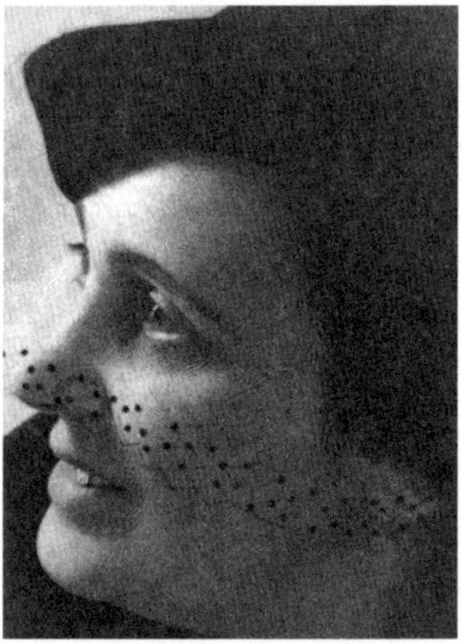

Abb. 8: Die Mutter, Ende der dreißiger Jahre

einbrachten. Natürlich hätte er dies früher oder später einsehen sollen, er hätte sich nach einer anderen Tätigkeit umschauen müssen. Aber hierzu fehlte ihm jegliche Initiative. Fleiß und Energie gehörten nicht zu seinen Tugenden. Charakterschwäche und Passivität bestimmten auf unglückselige Weise seinen Lebensweg.« (*ML* 22 f.) In Erinnerung an die Zeit im Warschauer Getto werden die Urteile noch vernichtender. Auch im Getto »blieb mein gutmütiger, mein gütiger Vater ein Versager«. (*ML* 56) Der Sohn schämte sich vor den Kollegen, dass er sich, damals zwanzig Jahre alt, für seinen sechzigjährigen Vater um eine kümmerliche Beschäftigung bemühen musste. Es ist die gleiche Scham, die Jahre zuvor die Mutter empfand, als ihr Mann bankrott war: »Sie hat damals sehr gelitten. Sie schämte sich, auf die Straße zu gehen, denn sie rechnete mit höhnischen oder verächtlichen Blicken der Nachbarn und Bekannten.« (*ML* 23) Vielleicht jedoch habe sie »mehr als die Verachtung der Mitbürger deren Mitleid« (*ML* 23) gefürchtet.

Die soziale Degradierung, die Mitleid auch bedeuten kann, vollzieht der Sohn an seinem Vater – als wolle er die der Mutter angetane Schmach rächen. Er habe ihn »immer bloß bemitleidet«. Die Angst vor Verachtung oder gar Mitleid, die Furcht vor sozialer Deklassierung und Abhängigkeit scheint eine der Triebkräfte zu sein, die das Leben des Sohnes prägten und seinen forcierten Selbstbehauptungswillen hervorbrachten. Auch die zuweilen frappierende Empfindlichkeit dieses gegenüber anderen wenig zimperlichen Kritikers angesichts mehr oder weniger gravierender Missachtungen seiner Person findet hier eine mögliche Erklärung. Reich-Ranickis Autobiografie deutet das selbst an: »Als Halbwüchsiger sah ich sehr genau die Abhängigkeit meiner Eltern von jenen Verwandten, die ihnen halfen. Die Furcht, ich selber könnte je in eine solche demütigende Abhängigkeit geraten, hat noch viele Jahre lang auf manche meiner Lebensentscheidungen einen starken Einfluß gehabt.« (*ML* 24)

Die Lebensentscheidungen des Sohnes scheinen von dem unbedingten Willen diktiert, nicht so zu werden wie der Vater. Der Mutter wäre, so legt es die Autobiografie nahe, ein stärkerer Mann zu wünschen gewesen. Eine schon zitierte Formulierung sei hier wiederholt. Sie ist in hohem Maße irritierend: Auch im Getto »blieb mein gutmütiger, mein gütiger Vater ein Versager«. »Gutmütig« und »gütig«: Das klingt, als zitiere der Autor hier eifersüchtig und abfällig die Prädikate, mit denen andere den Vater häufig auszeichneten. Vielleicht auch die Mutter?

MUTTER, LIEBE UND LITERATUR

Die Liebe zur Mutter spricht aus allem, was der Sohn später in den Erinnerungen an sie geschrieben hat. Wenn er sie in einer negativen Eigenschaft dem Vater gleichsetzt – auch sie war »vollkommen unpraktisch« (*ML* 23) –, findet er dies bei ihr verzeihlich. »An der ganzen Katastrophe war sie, versteht sich, unschuldig: Daß sie auf die erschreckende Untüchtigkeit ihres Mannes keinerlei Einfluß hatte, konnte ihr niemand vorwerfen.« (*ML* 23)

Wer versucht ist, mit psychoanalytisch inspiriertem Blick die Erinnerungen an die Mutter nach Zeichen erotischen Begehrens abzusuchen, kann manche doppelbödige Entdeckung machen. Worte wie »Liebe« oder »Leidenschaft« benutzt Reich-Ranicki zwar vor allem, um seine Beziehung zur deutschen Literatur und Kultur zu kennzeichnen, unmissverständlich macht er aber klar, wer in der Familie diese Kultur repräsentiert: die Mutter. Die Liebe zur Mutter und die Liebe zur Literatur sind bei ihm eng assoziiert. Und dass die Liebe zur Literatur von Beginn an eine eminent erotische ist, dass die sinnliche Anziehungskraft von Literatur nicht zuletzt auch auf ihren sexuellen Inhalten beruht, ist eine Einsicht, die sich nicht erst, wie manche seiner Kritiker und Kritikerinnen ihm spöttisch oder bissig vorhielten, den Obsessionen eines alten Mannes verdankt. *Über die Liebe* lautet der Titel einer 1985 erschienenen Zusammenstellung von Gedichten und Interpretationen aus der *Frankfurter Anthologie*. Das Wort »Liebe« ist das vielleicht häufigste in den Titeln seiner Bücher, Aufsätze und Rezensionen. Für Reich-Ranicki ist Erotik, als Thema wie als Wirkung, eine der wichtigsten Qualitäten von Literatur. Ob Goethe, Heine oder Brecht, sie gehören für ihn vor allem deshalb zu seinen liebsten Dichtern, weil die Liebe zentraler Gegenstand ihrer Werke ist.

Reich-Ranickis Leidenschaft für Literatur als eine erotische Obsession begann in früher Jugend: in der Pubertät. Sexuell aufgeklärt wurde der Jugendliche nicht zuletzt durch Literatur, durch einschlägige »Stellen« in Hermann Hesses *Narziß und Goldmund*, Flauberts *Madame Bovary* oder in Romanen Jakob Wassermanns.

Wo die Autobiografie über die ersten erotischen und sexuellen Beziehungen zu Frauen erzählt, stehen auch diese im Zeichen von Literatur. Die Erinnerung an eine über zehn Jahre ältere Fotografin ist eine Erinnerung an viele gemeinsame Gespräche über Literatur, genauer: über die Liebe in der Literatur. Sie »kam von der Liebe zur Literatur, ich wollte von der Literatur zur Liebe kommen. Wir trafen uns auf halbem Wege«. (*ML* 141) Eine Schauspielerin verführte den 18-Jährigen unter dem Eindruck von melancholischen Versen aus Hofmannsthals *Der Tor und der Tod* und den *Terzinen über Vergänglichkeit*. In Warschau dann lud den 19-Jährigen eine ebenfalls ältere Frau, deren exzentrische Theatralik ihn zunächst beeindruckte und deren Englischkenntnisse verbesserungsbedürftig waren, regelmäßig zu sich ein, damit er mit ihr englische Prosa lese. Das Lesen wurde zum Bestandteil eines rituellen Vorspiels.

Erst als der junge Reich wenig später Teofila Langnas, seiner späteren Frau, nahekam, scheint er sich von seiner Mutter und von mutterähnlichen Frauen gelöst zu haben: Tosia, wie sie genannt wurde, war im selben Jahr wie er geboren, sie war keine Deutsche, und die erste, entscheidende Begegnung stand nicht im Zeichen der Literatur, sondern des Todes. Doch schon in der zweiten Phase gegenseitiger Annäherung waren Liebe und Literatur wieder eng assoziiert. »Wir erzählten uns gegenseitig unser Leben […], wir lasen Gedichte von Mickiewicz und Tuwim, von Goethe und Heine. Sie wollte mich für die polnische Poesie gewinnen, ich wollte sie zur deutschen Dichtung bekehren und verführen. So gewannen wir einander, und bisweilen unterbrachen wir die Lektüre.« (*ML* 218) Zum 21. Geburtstag, am 2. Juni 1941, schenkte sie ihm eine mit eigener Hand abgeschriebene und illustrierte Auswahl aus Erich Kästners Gedichtband *Lyrische Hausapotheke*. Zusammen mit der Literatur und der Musik, so beschreibt es der Autobiograf, wurde die Liebe zu einem »Narkotikum, mit dem wir unsere Furcht betäubten – die Furcht vor den Deutschen«. (*ML* 218) Und der Geschichte dieser Liebe gibt die Autobiografie ein literarisches Motto. Mit zwei Versen aus Hofmannsthals *Rosenkavalier*, die der junge Reich sich im Warschauer Getto vor der Polizeistunde auf dem Weg von der Geliebten nach Hause immer wieder vorsagte, ohne recht wahrzunehmen, was sich um ihn herum abspielte, beendet der beinahe 80-Jährige seine Lebensgeschichte: »Ist ein Traum, kann nicht wirklich sein, / daß wir zwei beieinander sein.« (*ML* 553)

In der frühen Phase dieser Liebesgeschichte taucht allerdings noch eine weitere Mutterfigur auf: die polnische Schriftstellerin Gustawa Jarecka. Die Mutter von zwei Kindern war Reichs Mitarbeiterin im »Judenrat« des Warschauer Gettos. Er habe sie geliebt, bekennt der Autobiograf, »aber es war eine ganz andere Beziehung als die zu Tosia«. (*ML* 239) Was die beiden verband, war erneut die Literatur, nicht die deutsche, sondern die französische und russische. In den Abschnitten der Autobiografie über die Beziehung zu dieser Frau deutete Reich-Ranicki erstmals selbst die Zusammenhänge zwischen seiner Mutterbeziehung und den Liebesbeziehungen zu anderen Frauen an. Und er, der in seinen Schriften gelegentlich und immer respektvoll Sigmund Freud erwähnt, verwendet in diesem Zusammenhang nicht zufällig das Wort »unbewusst«: »Gustawa empfand ich als eine Kontrastfigur: Sie war nicht nur älter als ich und Tosia, sie war auch reifer und selbständiger. Unbewußt fand ich bei ihr jenen Beistand, den meine Mutter mir nicht mehr bieten konnte – und Tosia noch nicht.« (*ML* 240 f.)

Reich-Ranicki hat seine Entdeckung der deutschen Literatur in einer Anspielung auf Goethes Ballade »Der Fischer« beschrieben, die den Zusammenhang mit der Entdeckung der Sexualität unmissverständlich aufzeigt: »Ein extremes, ein unheimliches Gefühl hatte mich befallen und überwältigt. Ich war verliebt. Halb zog sie mich, halb sank ich hin – ich war verliebt in sie, die Literatur.« (*ML* 35)

Derart deutliche Worte finden sich in den Beschreibungen der Liebe zur Mutter nicht. Sie sind frei von erotischen Andeutungen. In der Erinnerung ist mit der Mutter allerdings eine zweite weibliche Person, gleichsam eine zweite Mutter, eng assoziiert: die Lehrerin mit dem Namen Laura. Was sich der Autobiograf in den Beschreibungen der Mutter versagt, verbietet er sich nicht in der Schilderung Lauras. Neben den deutschen Büchern, die sie von der Mutter ausleiht, erwähnt er ihren »stattlichen Busen«, und das wenig später gleich ein zweites Mal: Der Ruin des Vaters zwingt die Familie, Polen zu verlassen und in Berlin die Unterstützung eines wohlhabenden Bruders der Mutter zu suchen. Der Sohn wird vorausgeschickt. Vor der Abreise verabschiedet er sich von der Lehrerin. Das Wort, das sie ihm auf den Weg gab, habe er nie vergessen: »Denn das Fräulein Laura mit dem wogenden Busen richtete den Blick in die Ferne und verkündete ernst und feierlich: ›Du fährst, mein Sohn [!], in das Land der Kultur.‹ Zwar habe ich nicht verstanden, worum es ging, doch fiel mir auf, daß meine Mutter zustimmend nickte.« (*ML* 25)

JUDENTUM UND RELIGION

Reich-Ranickis Autobiografie beginnt mit der Frage nach der eigenen Identität. Ende Oktober 1948 fragte ihn Günter Grass während einer Tagung der »Gruppe 47«: »Was sind Sie denn nun eigentlich – ein Pole, ein Deutscher oder wie?« Reich-Ranickis Antwort: »Ich bin ein halber Pole, ein halber Deutscher und ein ganzer Jude.« (*ML* 11) Der Autobiograf sieht das ein halbes Jahrhundert später ganz anders. An seiner damaligen Antwort stimme kein einziges Wort. Man muss dem späteren Versuch einer neuen Antwort nicht unbedingt größeren Wert beimessen als dem, was Reich-Ranicki Jahrzehnte zuvor gegenüber Grass bekannt hatte. Aufschlussreicher ist, dass die Frage nach der eigenen Identität wiederholt gestellt wird – und dass die Antworten wechseln. Das ist symptomatisch für die notorischen Schwierigkeiten, die die Fragen nach der Identität jüdischer Intellektueller in der europäischen Moderne nicht zuletzt diesen selbst permanent bereiteten.

Mit dem Land, in dem er geboren wurde, in dem er seine Kindheit verbrachte und aus dem der Vater stammte, mochte er sich nie identifizieren. Die Distanz zum Vater hat dazu maßgeblich beigetragen. »Über meine Vorfahren väterlicherseits weiß ich so gut wie nichts. Das liegt bestimmt nur an mir, denn mein Vater hätte mir ausführlich und gern Auskunft erteilt, hätte ich auch nur das geringste Interesse gezeigt.« (*ML* 12 f.) Seine Identität definiert der Autobiograf über die Beschreibung der Mutter. Obwohl sie nach der Eheschließung Jahrzehnte lang in Polen gewohnt hatte, blieb ihr Polnisch »fehlerhaft und dürftig«. Ihr Deutsch hingegen beschreibt der Sohn als »makellos« und »besonders schön«.

Die Mutter beschaffte sich in Polen deutsche Bücher, abonnierte das *Berliner Tageblatt*, zitierte in Gesprächen gerne die deutschen Klassiker, und wenn der Sohn ihr zum Geburtstag gratulierte, machte sie ihn regelmäßig darauf aufmerksam, dass sie am gleichen Tag wie Goethe geboren sei. Als der Vater dem Sohn Hebräischunterricht erteilen lassen wollte, widersetzte sich die Mutter erfolgreich. »Dies war sein erster Versuch, in meine Erziehung einzugreifen; es war auch sein letzter.« (*ML* 19) Die Mutter schickte ihn später auf eine deutschsprachige Volksschule.

Ein halber Pole? Es gibt in dieser Kindheitsgeschichte nichts, was heimatliche Gefühlsbindungen an dieses Land erkennen lässt. Mit keinem Wort erzählt die Autobiografie über Freundschaften mit Gleichaltrigen, kaum etwas über die Schulzeit. Die Beziehung zu den Mitschülern scheint unerfreulich gewesen zu sein. Erwähnt werden Anlässe, durch die das Kind Spott oder Neid auf sich zog, worauf es mit Trotz und Wut reagierte. »Von Anfang an fiel ich aus dem Rahmen, ich war ein Außenseiter.« (*ML* 21)

Larmoyanz ist den Erinnerungen Reich-Ranickis fremd, doch ein traurig-bitterer, zuweilen auch vorwurfsvoller Unterton, ein Leiden an dem trotz aller erfahrenen Anerkennungen nie ganz überwundenen Gefühl, Außenseiter zu sein, ist ihnen durchgehend eingeschrieben. »In welcher Schule ich auch war, in welcher Institution ich auch gearbeitet habe, ich paßte nie ganz zu meiner Umgebung.« (*ML* 21)

Wenn es so etwas wie einen heimatlichen Ort im Leben Reich-Ranickis gegeben hat, dann war dies eine Zeit lang Berlin. Hier verbrachte er seine Jugend. Ein knappes Jahrzehnt lebte er dort. Dann wurde er deportiert – nach Polen, das ihm inzwischen gänzlich fremd geworden war. Aber sich mit dem Land, das die Heimat seiner Mutter war, zu identifizieren, machte der Nationalsozialismus dem Juden nun unmöglich. Das »Land der Kultur« zeigte sich auch als das Land der Barbarei. Seinem Buch *Über Ruhestörer* mit dem Untertitel »Juden in der deutschen Literatur« stellte er die Widmung voran: »Da dieses Buch von Juden in der deutschen Literatur handelt, widme ich es dem Andenken jener, die von Deutschen ermordet wurden, weil sie Juden waren. Zu ihnen gehören mein Vater David Reich, meine Mutter Helene Reich, geb. Auerbach, und mein Bruder Alexander Herbert Reich.«

Also auch kein halber Deutscher. Und warum kein ganzer Jude? Was Marcel Reich-Ranickis Verhältnis zum Judentum angeht, so war es wiederum nicht der Vater, der ihn prägte. Der Vater besuchte an hohen Feiertagen und am Sabbat regelmäßig die Synagoge. Ob er an Gott glaubte, hat der Sohn nicht erfahren. Darüber wurde in der Familie nicht gesprochen. An jüdischen Traditionen hielt der Vater jedenfalls fest, und vom Zionismus war er tief beeindruckt.

Anders die Mutter: Von Religion, so erinnert sich der Sohn, wollte sie nichts wissen, an jüdischer Kultur zeigte sie kein Interesse. »Trotz ihrer Herkunft? Nein, wohl eher wegen ihr. Ich glaube, daß sie mit der unmißverständlichen Abwendung von der geistigen Welt ihrer Jugend still und sanft gegen das rückständige Elternhaus protestierte.« (*ML* 14) Ihr Vater war zwar wie schon seine männlichen Vorfahren Rabbiner, doch von den fünf Söhnen folgte ihm darin nur noch der älteste. Den anderen war, wie auch der Schwester, die jüdische Religion fremd geworden. Der Familientradition blieben sie nur insofern verbunden, als viele Rabbiner unter ihren Vorfahren sich wissenschaftlich mit juristischen Problemen befasst und auch als Richter fungiert hatten. Vier Brüder der Mutter wurden Anwälte. Mit der juristischen Metapher des »Anwaltes« charakterisierte Reich-Ranicki später wiederholt seine eigene Position als Literaturkritiker.

Öffentliche Auskunft über seine Einstellung zur jüdischen Religion oder überhaupt zum Glauben an einen Gott hat Reich-Ranicki relativ selten gegeben. Religion und Glauben waren für ihn nie existentiell bedrängende Probleme. Die beiläufigen und knapp gehaltenen Bekenntnisse zum Atheismus lassen keine starken Affekte erkennen, doch an Deutlichkeit nichts zu wünschen übrig. »Ich habe nie mit oder gegen Gott gelebt. Ich kann mich an keinen einzigen Augenblick in meinem Leben erinnern, an dem ich an Gott geglaubt hätte.« (*ML* 56f.) Von den über fünfhundert Seiten der Autobiografie ist dem Thema weniger als eine gewidmet, kaum mehr als in der 1994 gehaltenen Rede »Über unser Land«, die zu weiten Teilen wörtlich in die Autobiografie eingegangen ist. Hinzugefügt ist die Erinnerung an das Gespräch mit einem Freund, einem gläubigen Christen (vermutlich Walter Jens). Zu ihm habe er gesagt, Gott sei »überhaupt keine Realität, sondern eher eine nicht sonderlich gelungene literarische Figur, vielleicht vergleichbar mit Odysseus oder dem König Lear«. Der Freund habe schlagfertig entgegnet, »es könne überhaupt keine stärkere Realität geben als Odysseus oder den König Lear. Die diplomatische Antwort gefiel mir sehr, ohne mich im geringsten zu überzeugen«. (*ML* 57)

Affektiver und ausführlicher setzt sich Reich-Ranicki mit

religiösen Praktiken des Judentums auseinander. Unerträglich findet er die »Weigerung und Unfähigkeit, unzählige, seit Menschengedenken existierende, aber längst sinnlos gewordene Gebote und Vorschriften abzuschaffen. [...] Diese Vorschriften empörten mich, am meisten jene, die den Juden untersagten, am Sabbat zu schreiben. Schon sehr früh, ich muß es unmißverständlich sagen, habe ich am Verstand jener gezweifelt, die derartige Gebote streng erfüllten.« (*ML* 57 f.) Symptomatisch ist, dass Reich-Ranicki, unter Berufung auf den »Verstand«, den anachronistisch gewordenen Traditionen des Judentums tradierte Einsichten der deutschen Aufklärung entgegenhält, fünf Verse nämlich aus Goethes *Faust*:

> Es erben sich Gesetz und Rechte
> Wie eine ewge Krankheit fort,
> Sie schleppen vom Geschlecht sich zum Geschlechte
> Und rücken sacht von Ort zu Ort.
> Vernunft wird Unsinn, Wohltat Plage.
> (Zitiert in *ML* 57)

Bei aller Distanz zur jüdischen Religion sieht Reich-Ranicki sich in einem Aspekt jüdischen Kulturtraditionen eng verbunden. Es ist die herausragende Bedeutung von Schrift und Wort in dieser Religion, mit der er sich identifizieren kann. »Die Juden haben keine Schlösser und Paläste erbaut, keine Türme und Dome errichtet, keine Reiche gegründet. Sie haben nur Worte aneinander gereiht. Es gibt keine Religion auf Erden, die das Wort und die Schrift höher schätzen würde als die mosaische.« (*ML* 59)

An die Stelle religiöser Schriften trat die Literatur, vor

allem die deutsche. Sie erhielt für ihn existenzielle Bedeutung. Seine Antwort auf die Frage, ob es für ihn so etwas wie ein Zuhause gebe, schloss er 1984 in seinem Gespräch mit Joachim Fest mit den später mehrfach ähnlich wiederholten Sätzen: »Von Heine stammt das schöne Wort, die Juden hätten sich im Exil aus der Bibel ihr portatives Vaterland gemacht. Und so bin auch ich schließlich weder ein heimatloser noch ein vaterlandsloser Mensch. Auch ich habe ein portatives Vaterland – es ist die deutsche Literatur, die deutsche Musik.« (*ZJ* 106)

Reich-Ranicki war also in der Tat kein »ganzer Jude«. Doch dass er sich fraglos als Jude begriff und dass er sich zeitlebens mit Problemen des Judentums auseinandersetzte, dafür sorgten andere. Im Gegensatz zur Frage nach der Existenz eines Gottes ließ ihn die nach der Existenz der Juden nie los. Und die Distanz zur jüdischen Religion, die sich zu offenen Aversionen gegenüber religiösen Praktiken und Erscheinungsformen orthodoxen Judentums steigern konnte, hinderte ihn nicht daran, sich immer wieder entschieden gegen jede Form des Antisemitismus zu wehren und sich für jüdische Institutionen zu engagieren.

In seiner auch für literaturwissenschaftliche Forschungen wegweisenden Essaysammlung *Über Ruhestörer* zitiert Reich-Ranicki eine erhellende Bemerkung Jean-Paul Sartres: Der Jude befinde »sich in der Situation des Juden, weil er inmitten einer Gesellschaft lebt, die ihn als Juden betrachtet.« Der »Jude« ist ein soziales und kulturelles Konstrukt, eine gesellschaftlich hergestellte Fiktion und Zuschreibung – mit freilich oft höchst realen und furchtbaren Folgen. Die Einsicht geht mit der Beobachtung einher, dass man es, wie Reich-Ranicki formuliert, »mit einem Phänomen zu tun hat, das mit den üblichen Kategorien – den religiösen, nationalen, sprachlichen, ethnischen oder rassischen – nicht hinreichend erklärt und abgegrenzt werden kann«. (*ÜR* 39)

In allen Aufsätzen dieses Buches mit dem Untertitel »Juden in der deutschen Literatur« schreibt Reich-Ranicki, vielleicht noch mehr als sonst, über sich selbst. Einer aus dem Jahr 1970 trägt den Titel »Im magischen Judenkreis«. Er ist einer Äußerung Ludwig Börnes entnommen, der 1832 konstatierte: »Es ist wie ein Wunder! Tausend Male habe ich es erfahren, und doch bleibt es mir ewig neu. Die einen werfen mir vor, daß ich ein Jude sei; die Anderen verzeihen es mir; der Dritte lobt mich gar dafür; aber alle denken daran. Sie sind wie gebannt in diesem magischen Judenkreise, es kann keiner hinaus.« Ob Reich-Ranicki über sich oder ein anderer über ihn schreibt, keiner kommt aus diesem magischen Kreis heraus. Der Befangenheit in der Beziehung zwischen Juden und Nichtjuden konnte und kann, zumal in Deutschland, niemand entgehen. Die Schwierigkeiten im Umgang mit dem Thema hat Reich-Ranicki klar benannt, ohne vor ihnen zu resignieren. Angemessener als philosemitische Beteuerungen und erbauliche Appelle an brüderliche Gemeinsamkeiten seien sachliche Beiträge zur historischen Aufklärung über die Beziehung zwischen Juden und Deutschen.

Das eigene Buch *Über Ruhestörer* besteht selbst aus solchen Beiträgen. Der Untertitel ist identisch mit dem Titel eines 1922 erschienenen Sammelwerkes. Der Herausgeber Gustav Krojanker wies hier auf die Problematik eines solchen Buches hin. Reich-Ranicki zitiert ihn: »Denn es scheint in diesem Deutschland fast nicht anders denkbar, daß die Geschäfte einer finsteren Reaktion betreibt, wer das Wesen des Juden als ein unterschiedliches überhaupt zu betrachten wagt.« Reich-Ranicki schreibt zwar nicht mehr vom »Wesen des Juden«, wagt es aber doch, die Werke und Lebensgeschichten prominenter Autoren jüdischer Herkunft nach ihren eigentümlichen Gemeinsamkeiten zu befragen. Und für alle Antworten, die er formuliert, für alles, was er an Autoren wie Rahel Varnhagen, Heinrich Heine, Ludwig Börne, Arthur Schnitzler, Peter Weiss, Erich Fried oder Jurek Becker beobachtet, gilt der Satz aus seiner enthusiastischen Würdigung von Hans Mayers Buch *Außenseiter*: »Diese Darstellung der Literatur, diese passionierte Auseinandersetzung mit ihren wirklichen und erfundenen Figuren ist unentwegt, bewußt oder unbewußt, auch Selbstdarstellung und Selbstauseinandersetzung.« (*ÜR* 153) Schon mit dem Titel *Über Ruhestörer* oder mit der Aufsatzüberschrift »Außenseiter und Provokateure« charakterisiert Reich-Ranicki sich selbst. Seitenweise ließen sich aus dem Buch, das darin den gesammelten Aufsätzen über Kritiker in *Anwälte der Literatur* gleicht, Passagen zitieren, die Bilder von einer Persönlichkeit entwerfen, die dem Bild gleichen, das Reich-Ranicki von sich selbst hat oder auch andere von seiner Person entworfen haben.

Man mag das als narzisstische Selbstbespiegelung bewerten. Doch ist die Selbstbezogenheit von Reich-Ranickis Schreiben über andere immer auch eine Form existenzieller Anteilnahme an dem, worüber er sich äußert. Keiner seiner Artikel kennt distanzierte oder nur gelassene Gleichgültigkeit gegenüber dem gewählten Thema. Liebe oder Wut ist ihnen eingeschrieben und oft auch Sympathie im wörtlichen Sinn: ein Mit-Leiden, eine Identifikation mit dem, was andere an Leid erfahren und ausgedrückt haben.

Über Ruhestörer berichtet zu weiten Teilen von Leidensgeschichten, von Geschichten des »Leidens am Judentum«. Der 1995 gehaltene Vortrag »Die verkehrte Krone *oder* Juden in der deutschen Literatur«, der die Auseinandersetzung mit dem Thema fortsetzt, spricht von einer »Passionsgeschichte«. Das Gemeinsame an diesem Leiden beschreibt Reich-Ranicki als das Gefühl, nicht normal, nicht in die soziale Umwelt integriert zu sein, als Konfrontation mit der Befangenheit anderer, einer Befangenheit, die zu Missachtung, Diskriminierung oder Hass werden konnte. Selbst größte kulturelle Erfolge konnten den Juden dieses Leiden nicht nehmen. »Es ist zum Verzweifeln«, so zitiert er einen der erfolgreichsten Schriftsteller des 19. Jahrhunderts, Berthold Auerbach, mit einer Äußerung aus dem Jahr 1880, als der Berliner Antisemitismusstreit ausgetragen wurde. »In den Freiesten steckt ein Hochmut und ein Widerwille gegen die Juden, der nur auf Gelegenheit wartet, um zu Tag zu kommen.« (*ÜR* 44)

Die Geschichte der deutsch-jüdischen Schriftsteller seit dem 19. Jahrhundert beschreibt Reich-Ranicki als eine Geschichte des Glanzes und des Elends, als Kette von »Triumphen und Niederlagen ihres persönlichen Kampfes um Anerkennung«. (*ÜR* 42) Bloß formal anerkannt, blieben Juden im 19. Jahrhundert real diskriminiert. Viele versuchten »durch außergewöhnliche geistige und künstlerische Leistungen Ansehen zu erlangen und auf diese Weise die tatsächliche Emanzipation zu erzwingen«. (*ÜR* 42) Das Begehren, integriert oder gar geliebt zu sein, und die Aussichtslosigkeit dieses Begehrens sind seit Moses Mendelssohn und Rahel Varnhagen und seit der Liebeslyrik Heines die zentralen Themen jener Autoren, die unter ihrem Judentum gelitten haben. Und es gab kaum einen Autor, der darunter nicht gelitten hätte. Fremdheit und Außenseitertum jüdischer Autoren gehörten zu den Voraussetzungen ihrer Leistung und Kreativität – Voraussetzungen, auf die sie selbst gern verzichtet hätten.

Dass diese Sicht Reich-Ranickis die Interpretation auch der eigenen Lebensgeschichte prägte, zeigt nicht zuletzt jenes Kapitel seiner Autobiografie, das von den Jugendjahren in Berlin handelt.

1929 siedelte die Familie nach Berlin um. Der Sohn wurde vorausgeschickt, sprach innerhalb kurzer Zeit besser Deutsch als Polnisch und wurde noch im selben Jahr eingeschult. Hatte er schon gleich nach seiner Ankunft von der strengen Tante beim Essen gezeigt bekommen, was deutsche Gründlichkeit und Ordnung bedeuten konnten, so erfuhr er bereits am ersten Tag in der Charlottenburger Volksschule etwas von einer anderen deutschen Eigenart. Sie wollte nicht recht passen zu den Verheißungen »deutscher Kultur«, die ihm in Polen die Lehrerin Laura mit auf den Weg gegeben hatte. Der Lehrer schlug einen Schüler mit dem Rohrstock. »Niemand in der Klasse war verwundert oder erschrocken – bloß ich, der Fremdling. Denn in Polen hatte ich derartiges noch nie erlebt.« (*ML* 30)

Wie schon das Kind in der polnischen Schule aufgrund seiner deutschen Herkunft war der junge Ausländer in den Schulen, die er in Berlin besuchte, ein Außenseiter. »Ich war etwas anders gekleidet, ich kannte ihre Spiele und Scherze nicht [...]. Ich gehörte nicht dazu.« (*ML* 31) Im Gymnasium ging es ihm später nicht anders. In der Erinnerung daran wiederholt Reich-Ranicki jenes Erklärungsmuster, mit dem er in Aufsätzen die typische Situation deutscher Schriftsteller jüdischer Herkunft beschrieben hat. »Wollte ich integriert und sogar geachtet werden, mußte ich mich durch Leistungen im Unterricht auszeichnen.« (*ML* 34) Er wurde der beste Schüler in Mathematik, später in Deutsch.

Ihr Sohn sei Pole und Jude, erklärte die Mutter im Winter 1935 dem Direktor des Fichte-Gymnasiums in Berlin-

Wilmersdorf und fragte, wie man den Sohn unter solchen Umständen in der Schule behandeln werde. Der Sohn hielt sich zwar inzwischen keineswegs mehr für einen Polen, sondern eher für einen Berliner, war aber nach wie vor polnischer Staatsangehöriger. Die Eltern hatten schon bald nach der Ankunft in Berlin die deutsche Staatsangehörigkeit beantragt, doch als die Nationalsozialisten 1933 an die Macht kamen, hatte der Antrag keine Aussicht mehr auf Erfolg. Der Direktor wies die Befürchtungen der Mutter zurück. Dass jemand an dieser Schule wegen seiner Herkunft benachteiligt werde, entspreche nicht ihrer Tradition.

Die Erinnerungen Reich-Ranickis an seine »Schulzeit im Dritten Reich« erschienen Anfang der achtziger Jahre erstmals im Rahmen einer von ihm initiierten Artikelserie und gingen in seine Autobiografie ein. Sie sind erstaunlich positiv. Zwar blieben jüdische Schüler von Schulfesten oder Ausflügen ausgeschlossen, und die Distanz zwischen ihnen und ihren deutschen Klassenkameraden wuchs, als sich die deutschen nahezu alle der »Hitler-Jugend« anschlossen, aber trotz der antisemitischen Dauerpropaganda waren judenfeindliche Äußerungen oder Verhaltensweisen im Unterricht nicht üblich, weder bei den Schülern noch bei den Lehrern. Der Autobiograf selbst zeigt sich auch in der Rückschau darüber verwundert. Sogar der spätere Direktor des Fichte-Gymnasiums, der sich fanatisch zum Nationalsozialismus bekannte, blieb in der Notengebung gegenüber jüdischen Schülern gerecht. In anderen Stadtteilen Berlins und vor allem in den Kleinstädten Deutschlands wurden jüdische Schüler nicht selten gequält. In den Berliner Gymnasien, die der junge Marcel Reich besuchte, bewahrten ihn humanistische Traditionen und das höhere soziale Herkunftsmilieu der Mitschüler vor solchen Übergriffen. So erklärt der Autobiograf es selbst und schreibt respektvoll vom »preußischen Geist«, der von den Juden seit ihrer Emanzipation geschätzt worden sei, vom »Ethos des Westberliner Bürgertums«, das auch in der Zeit des Nationalsozialismus durchaus noch vorhanden war.

Mit dankbarer Bewunderung erinnert sich Reich-Ranicki an einige Lehrer und auch an Schüler, die sich mit ihrem Verhalten den Forderungen der nationalsozialistischen Macht nicht anpassten. Doch selbst das Bild, das Reich-Ranicki von jenen Lehrern und Mitschülern zeichnet, die, wie er zumindest später erfahren hat, mehr als bloße Mitläufer des NS-Regimes waren, bleibt auf eine zuweilen fast unheimliche Weise freundlich. Da war beispielsweise ein Musiklehrer, »ein glänzender Pädagoge, ein liebenswerter Mensch«. Seine jüdischen Schüler mochte er besonders, weil die meisten musikalisch waren. Erst 1982 erfuhr Reich-Ranicki, dass dieser Lehrer engagiertes Mitglied der NSDAP war. Das spätere Wissen hat den Autobiografen nicht davon abgebracht, die damaligen Qualitäten dieser Persönlichkeit in dankbarer Erinnerung zu bewahren und ausdrücklich zu benennen.

Das Urteil über Deutsche, die sich dem Nazi-Regime nicht widersetzten, ist angesichts der Schärfe, mit der dieser Kritiker häufig urteilt, bemerkenswert milde. Vielleicht hat auch das zum enormen Erfolg dieser Autobiografie in Deutschland beigetragen. Über ein heiteres, gemütliches und gleichwohl beklemmendes Abituriententreffen von 1963 wird hier erzählt. Als gebildet, nachdenklich und wohlerzogen charakterisiert Reich-Ranicki seine Schulfreunde. Sie hatten Uniformen getragen, waren Offiziere der Wehrmacht

Abb. 9: Die Abiturklasse des Fichte-Gymnasiums, 1937

gewesen. Sie waren typische Vertreter der Jahrgänge 1919 und 1920. »Sie haben Schreckliches und Grausames miterlebt. Hatten sie auch mit Judenverfolgungen zu tun? Ich weiß es nicht. Daß sie aber über das, was mit den Juden geschah, zumindest in groben Umrissen informiert waren, dessen bin ich ganz sicher. Haben sie sich darüber je Gedanken gemacht – in den Jahren des Krieges und danach, als die deutsche Schuld immer deutlicher erkennbar wurde? Nichts war meinen alten Schulkameraden während dieser zwei Tage in Berlin – so lange dauerte unser Treffen – anzumerken, auch nicht, als wir einzeln miteinander sprachen.« (*ML* 78) Eine »Mitschuld« an den nationalsozialistischen Verbrechen will der Autobiograf seinen Schulfreunden nicht zuschreiben, aber eine »gewisse Mitverantwortung dafür, was Deutsche getan hatten«. (*ML* 78) Doch auch darüber wollte man bei dem Klassentreffen nicht sprechen.

In gewisser Weise verhielten sich die Klassenkameraden wie schon Jahrzehnte zuvor. Sie hatten die jüdischen Mitschüler korrekt behandelt. Die Theorien von der Minderwertigkeit der Juden hatten sie im persönlichen Umgang mit ihnen nicht bestätigt gefunden, sondern vielmehr ihre Leistungen bewundert. Jenes Judentum, das der Propaganda nach das Unglück des deutschen Volkes oder gar der ganzen Menschheit sein sollte, war für sie eine abstrakte Größe gewesen, die sie nicht auf jene bezogen, mit denen sie täglich zusammen in den Schulbänken saßen. Aber sie hatten mit ihnen auch nicht darüber gesprochen. Worte der Verwunderung oder des Bedauerns über die nationalsozialistische Hetzkampagne und ihre Auswirkungen hatten sie ihren jüdischen Mitschülern gegenüber nicht gefunden.

Reich-Ranickis Erinnerungen an die Deutschen, die er

in den dreißiger Jahren kennenlernte, sind keine Anklage, sondern eine Beschämung. Aus ihnen spricht nicht Hass, sondern Traurigkeit oder Enttäuschung – eine Enttäuschung über das Versagen derjenigen, die, soweit er das selbst wahrnehmen konnte, zwar keine Täter waren, aber auch keine Zeichen setzten, die auf Anteilnahme mit den Opfern schließen lassen konnten.

Bei allen Bekundungen solcher Enttäuschung ist den Erinnerungen Reich-Ranickis in mehreren Bereichen die Tendenz eingeschrieben, sich ursprünglich positive Erfahrungen im Umgang mit Menschen wie mit Kunstwerken nicht durch das Wissen um das Negative, das ihnen anhaftet, verderben zu lassen.

Seiner Bewunderung für den Schauspieler Gustaf Gründgens kann die Tatsache, dass dieser als junger Günstling Hermann Görings 1934 zum Intendanten der Staatlichen Schauspiele Berlin wurde, dem NS-Staat diente und in ihm Karriere machte, nichts anhaben. Vor allem in der Rolle des Mephisto und noch mehr in der des Hamlet hat ihn Gründgens nachhaltig beeindruckt. Schon in seiner 1966 in der *Zeit* erschienenen und vielfach nachgedruckten Rezension zu Klaus Manns Roman *Mephisto* hatte Reich-Ranicki den Schauspieler vehement gegen Manns kritische Darstellung verteidigt. Zur symbolischen Figur des »Dritten Reiches« tauge dieser Künstler schon deshalb nicht, weil seine »Mentalität offensichtlich von allem frei ist, was man sich unter Blut und Boden vorstellen mag, wohl aber auf höchst sympathische Weise an den zersetzenden Geist der Asphaltliteraten erinnert«. (*N* 334 f.)

Genauso wenig wie Gründgens NS-Karriere beeinträchtigt Richard Wagners Antisemitismus Reich-Ranickis anhaltende Begeisterung über die *Meistersinger von Nürnberg* und *Tristan und Isolde*. Einem Journalisten, der ihn auf den Judenhass Wagners ansprach, entgegnete er: »Es gab und gibt viele edle Menschen auf Erden, aber sie haben weder den ›Tristan‹ geschrieben noch die ›Meistersinger‹«. (*ML* 128)

So wie hier zwischen zwei Seiten eines Künstlers trennt Reich-Ranicki zwischen unterschiedlichen Eindrücken beim Lesen desselben literarischen Textes, ohne sie gegeneinander auszuspielen. Thomas Manns *Tonio Kröger* nennt er »eine unvollkommene und vielleicht sogar fragwürdige Erzählung«. (*ML* 103) Er hat dieses Urteil 1987 in seiner Dankesrede zur Verleihung des Thomas-Mann-Preises ausführlich begründet – und dann ebenso breit dargelegt, was die Autobiografie wiederholt: Diese Erzählung habe ihn beim ersten Lesen tief getroffen, und er sei dieser »Bibel jener, deren einzige Heimat die Literatur ist« und die dabei befürchten müssen, vom Leben ausgeschlossen zu sein, »treu geblieben«. (*ML* 103) Die erste Begegnung mit Rilkes *Die Weise von Liebe und Tod des Cornets Christoph Rilke*, die ein junger Mann mit einem Militärmantel aus dem Ersten Weltkrieg im Halbdunkel eines Versammlungsraums vortrug, war ein rauschhaftes Erlebnis. Die Fragwürdigkeiten dieser Prosa wurden dem späteren Kritiker bewusst, doch etwas von der frühen Faszination, die der Text auf ihn ausgeübt hatte, blieb erhalten. Reich-Ranicki bezieht auf seine Jugendlektüre, was Marquis von Posa im *Don Carlos* den Kronprinzen bittet: »daß er für die Träume seiner Jugend / Soll Achtung tragen, wenn er Mann sein wird«.

Es ist, als wolle sich der Autobiograf generell durch seine späteren Erfahrungen und durch sein späteres Wissen über die NS-Zeit das Glück einer insgesamt schönen Jugend nicht nehmen lassen. Schilderungen nationalsozialistischer Untaten in Berlin enthält die Autobiografie nicht. Die Hinweise darauf bleiben abstrakt. Da ist die Rede von einer »feindlichen, bestenfalls frostigen Welt« oder davon, dass »Barbaren in Deutschland herrschten«. (*ML* 112 und 107) Aber das tangierte anscheinend nicht das eigene Erleben. Der Autobiograf ahnt etwas von der Skepsis seiner Leser, wenn er beteuert: »Nein, ich hatte damals in Berlin – und das mag heute verwundern – keine Feindseligkeiten zu ertragen, jedenfalls habe ich keine bemerkt.« (*ML* 152) Im Vergleich zu dem, was der junge Reich nach der Vertreibung aus Deutschland miterleben musste, erscheinen die Jahre in Berlin in der Tat als paradiesisch. Die Geschichten, die Reich-Ranicki über sein Leben im Berlin der dreißiger Jahre erzählt, sind »Liebesgeschichten«, wie eines der Kapitel in *Mein Leben* heißt.

Die »großen Liebesgeschichten«, die der Jugendliche in Berlin durchlebte, das waren »die Liebe zur deutschen Literatur«, die »Jahrzehnte währende, später freilich nachlassende Liebe zum Theater«, die »oft gefährdete, doch nie ganz abgestorbene Liebe zu Schiller« und schließlich »die Liebe zu einem Gebäude, das mir das teuerste in Berlin wurde und bis heute geblieben ist – zu Schinkels Schauspielhaus am Gendarmenmarkt«. (*ML* 82) Einige dieser Liebesgeschichten begannen an einem Abend des Jahres 1932. Die Mutter hat sie initiiert. Sie schenkte dem 12-Jährigen eine Eintrittskarte für die Aufführung des *Wilhelm Tell* im Staatlichen Schauspielhaus. Nach der *Tell*-Aufführung las er *Die Räuber*, so wie andere im gleichen Alter die Romane von Karl May. Das war der Einstieg in die Literatur der Erwachsenen.

Reich-Ranickis Autobiografie ist vor allem in den Kapiteln, die von den Jahren in Berlin handeln, zu weiten Teilen die Geschichte eines Lesers und Theatergängers. Neben dem Theater war es die Schule, die sein Lesen maßgeblich beeinflusste. Sie hat ihm die Klassiker nicht verdorben, sondern nahegebracht. Im Deutschunterricht glänzte der Schüler mit mündlichen oder schriftlichen Ausführungen zu *Wilhelm Tell* oder zur Figur des Mephisto. Und glaubt man seinen Erinnerungen, so war es maßgeblich die Schule, die dazu beigetragen hat, dass er Kritiker werden wollte. Einen viel zu lang geratenen Hausaufsatz über Georg Büchner bewertete der Lehrer mit einer enttäuschenden »Zwei minus«, ergänzte die Note jedoch mit der mündlichen Bemerkung: »Aber wenn Sie in Paris Kritiker geworden sind, dann schreiben Sie mir mal eine Postkarte.« (*ML* 89) Sofort begann der durch solches Lob angespornte Schüler, Rezensionsversuche zu den besuchten Theateraufführungen zu schreiben.

Nie wieder hat Reich-Ranicki so viel gelesen wie in seiner Schulzeit. Innerhalb von sechs Jahren las er, und zwar keineswegs in einem sonderlich hohen Tempo, alle Dramen Schillers und die meisten von Shakespeare, fast alles von Kleist und Büchner, die Novellen von Keller und Storm, viele Romane von Tolstoj und Dostojewski, Balzac, Stendhal und Flaubert, die Skandinavier Jens Peter Jacobsen und Hamsun, den bewunderten Poe und Oscar Wilde und sehr viel Maupassant.

Ein nationalsozialistisches Pamphlet gegen Heine machte aus ihm einen passionierten Heine-Leser. Den Nationalsozialisten verdankte er indirekt auch die Entdeckung der literarischen Moderne. In den Bibliothekskatalogen waren die 1933 verbrannten oder aus dem Verkehr gezogenen Bücher mit roter Tinte durchgestrichen. Doch die Namen der Autoren und die Titel ihrer Bücher blieben sichtbar und konnten als Empfehlungen gelesen werden. Sich die unerwünschten und verbotenen Bücher zu beschaffen war trotz der Bücherverbrennungen im Mai 1933 leicht. Schwerer zu finden waren die neueren Publikationen derer, die emigriert waren. Dem Ehemann seiner Schwester, einem Trotzkisten, der im politischen Untergrund tätig war und der den Jungen mit Aufträgen zu gelegentlichen Botengängen in seine Aktivitäten einbezog und mit dem Kommunismus bekannt machte, verdankte der junge Reich die Entdeckung Tucholskys – und im Februar 1937 die beglückende Teilnahme an der geheimen Lesung eines denkwürdigen Briefes von Thomas Mann, mit dem dieser sich in aller Deutlichkeit von den Nationalsozialisten distanzierte:

Später habe ich mich in den unterschiedlichsten Gesprächen, die so häufig um Deutschland kreisten, in Berlin, in Warschau, auch im Getto, immer wieder auf den zentralen Gedanken dieses Briefes berufen: »Sie« – und gemeint waren damit die Nationalsozialisten – »haben die unglaubwürdige Kühnheit, sich mit Deutschland zu verwechseln! Wo doch vielleicht der Augenblick nicht fern ist, da dem deutschen Volke das Letzte daran gelegen sein wird, nicht mit ihnen verwechselt zu werden.«

1937 habe ich noch nicht wissen können, daß Thomas Mann während des Zweiten Weltkrieges in der internationalen Öffentlichkeit eine Rolle spielen würde, die noch nie einem deutschen Schriftsteller zugefallen war: Er wurde zur repräsentativen, zur weithin sichtbaren Gegenfigur. Sollte ich mit zwei

> Namen andeuten, was ich als Deutschtum in unserem Jahrhundert verstehe, dann antwortete ich, ohne zu zögern: Deutschland – das sind in meinen Augen Adolf Hitler und Thomas Mann. (*ML* 104 f.)

An literarischer Regimekritik und politischer Aufklärung im Medium der Künste zeigte sich der junge Leser und Theaterbesucher ansonsten wenig interessiert. Die Autobiografie jedenfalls betont wiederholt, dass die Welt der Literatur und des Theaters für den Jugendlichen ein Fluchtraum war. Was das Kino damals dazu anbot, verlockte ihn kaum, weil das Wort ihn stärker beeindrucken konnte als das Bild. Das Berliner Theaterleben hingegen saugte er förmlich in sich auf. Das Theater prägte seine Existenz und seinen Alltag. Die angedeuteten und versteckten Proteste gegen das totalitäre Regime, die in manchen Inszenierungen damals durchaus erkennbar waren, ließen den jungen Zuschauer nicht gleichgültig, aber sie hatten für ihn sekundäre Bedeutung. Das »Risiko«, so Reich-Ranicki im Rückblick, »das die mehr oder weniger rebellierenden Bühnenkünstler auf sich nahmen (ich hatte schon Menschen gesehen, die im Konzentrationslager gewesen waren, und ich konnte diesen Eindruck nicht verdrängen), schien mir in keinem Verhältnis zu den realen Ergebnissen zu stehen. Wie ehrenwert diese Proteste auch waren – ich glaubte nicht, sie wären imstande gewesen, auch nur das Geringste zu verändern.« (*ML* 114 f.)

Reich-Ranickis Erinnerungen an die Zeit des »Dritten Reichs« in Berlin wie in Warschau sind frei von jedem Heroismus. Da werden durchaus einige Persönlichkeiten geschildert, vor deren Mut im Alltag nationalsozialistischer Herrschaft der Autobiograf hohen Respekt bezeugt. Doch

Helden des Widerstandes, die ihr Leben zu opfern bereit waren, werden nicht gefeiert oder anderen gar als Vorbild hingestellt. Und auch die Selbstdarstellung vermeidet heroische Posen. Die Bitte um Nachsicht, die Reich-Ranicki, nicht nur in seiner Autobiografie, wiederholt mit Blick auf die unheldenhaften Schwächen anderer formuliert hat, ist untergründig eine Bitte an seine Leser, ihm die eigenen Schwächen nachzusehen.

Die Lebensgeschichten, von denen die Autobiografie erzählt, sind Geschichten, in denen es nicht um große Ideen und Taten außerordentlicher Menschen geht, sondern um das bloße Überleben, um glückliche Zufälle, um kleine Zeichen gegenseitiger Empathie und Hilfe, um ein Minimum zivilisierten Anstandes im Umgang mit anderen Menschen.

Nicht der Gestus erhabenen, todesmutigen Standhaltens, sondern der einer um das Leben bangenden Flucht prägt diese Autobiografie. Und Flucht ist ein Motiv, das der Autobiograf zur berechtigten Funktion der Literatur und des Theaters erklärt. Hier suchte er »Ablenkung«, »Beistand«, »Asyl« und »Zuflucht«. »Die Literatur hatte mich zum Theater getrieben und das Theater zur Literatur. Beide zusammen boten mir, was ich dringend brauchte, worauf ich in wachsendem Maße angewiesen war: Beistand und Zuflucht. So bewährte sich mitten im ›Dritten Reich‹ die deutsche Literatur zusammen mit dem Berliner Theater als der Elfenbeinturm des halbwüchsigen Juden.« (*ML* 107)

Beistand fand der junge Reich vor allem durch jene Figuren in der Literatur oder auf dem Theater, in denen er die eigenen Existenz- und Identitätsprobleme wiedererkannte. Sie scheinen im Verlauf seines Leselebens ziemlich konstant geblieben zu sein. Reich-Ranickis literarische Vorlieben umkreisen ein relativ klar umrissenes Themenspektrum. Es ist identisch mit dem seiner Autobiografie. Mit dem, was er in ihr erzählt, gleicht er sich jener Art von Literatur an, die er über alles schätzt. Die Autoren oder Figuren, mit denen er sich identifiziert, sind keine »Helden« im herkömmlichen Sinn. Es sind Leidende: Sie begehren etwas, das sich ihnen entzieht. Es sind Liebende, deren Liebe unerwidert oder vergeblich bleibt und überschattet ist von der Drohung des Todes. Es sind Künstler und Intellektuelle, die vom Leben ausgeschlossen bleiben. Es sind Außenseiter, denen die Integration in eine Gemeinschaft versagt ist.

In einem seiner 2002 als Buch veröffentlichten »Gespräche mit Peter Voß über Schriftsteller des 20. Jahrhunderts« mit dem bezeichnenden Titel *Lauter schwierige Patienten* sagte er über Bertolt Brecht:

> Natürlich war er vorsichtig, natürlich war er ängstlich. Er war ein ganz großer Dichter. Ein Held war er nicht. Er hat in *Leben des Galilei* gesagt: »Unglücklich das Land, das Helden braucht.« Ich kann nur hinzufügen: »Unglücklich das Land, das von seinen Dichtern Heldentum erwartet.« (*LP* 31)

Herausragende Beispiele für den Motivzusammenhang von unglücklicher Liebe und Tod, der auf Reich-Ranicki eine unwiderstehliche Faszination ausübte, waren *Tristan und Isolde* und *Romeo und Julia* – Beispiele für die Sucht, zu lieben und geliebt zu werden, für die Extreme des Glücks und des Unglücks. Und neben Tonio Kröger ist Gustaf Gründgens zusammen mit jenen Figuren, die er mit Vorliebe verkörperte, ein Schlüssel für das Phantasieleben und die Konfliktstruktur des Jugendlichen und noch des Mannes in hohem Alter. Es ist Gründgens »antiheroische Haltung, seine Vorliebe für die Zweifler, die Ironiker und Skeptiker«, die es ihm angetan haben. »Nicht die Helden spielte er und auch nicht die Gläubigen, sondern die Gebrochenen und Degenerierten, die Schillernden.« (*ML* 124) Unter allen Rollen, die er spielte, ist es neben der des Mephisto vor allem die des Hamlet, in der der junge Reich die Umrisse seiner eigenen Probleme wiedererkannte, die Tragödie eines nachdenklichen Intellektuellen, der, aus dem Ausland zurückgekehrt, mit einem verbrecherischen Staat konfrontiert ist, dem er überlegen und doch nicht gewachsen ist. So Reich-Ranickis eigene Interpretation seiner Faszination. Den Schöpfer von Winnetou und Old Shatterhand schätzt Reich-Ranicki hingegen nicht sonderlich. Es ging ihm auf die Nerven, »daß es immer ein Deutscher war, der in Karl Mays Romanen die Bedrängten heldenhaft rettete und die Bösewichter behandelte, wie sie es verdienten«. Old Shatterhand war ihm »zu stark und mutig [...] und überdies noch auf gar zu vorbildliche Weise selbstlos«. (*ML* 36 f.)

Deutschland hat der junge Reich spät verlassen, und das nicht freiwillig. Zuerst siedelten sein Vater und sein Bruder nach Warschau über, später die Mutter. Der Sohn blieb, weil er noch unbedingt sein Abitur machen wollte. Angst vor seinen Mitbürgern hatte er in Berlin nicht. Angst hatte er nur vor den Behörden: vor Erlassen, die die Juden von den deutschen Schulen hätten vertreiben oder sie zumindest vom Abitur hätten ausschließen können. Das blieb ihm erspart, der Wunsch, Germanistik zu studieren und Literaturkritiker zu werden, jedoch verwehrt. Am 28. Oktober 1938 wurde er frühmorgens von einem Schutzmann geweckt. Dieser händigte ihm ein Dokument aus, das ihn aus dem

Deutschen Reich auswies. Die Ausweisung erfolgte im Rahmen der ersten Massendeportationen von Juden.

ÜBERLEBEN IN WARSCHAU

»So war ich nach Polen gekommen – in mein Geburtsland, das nun mein Exil wurde. Alles war mir hier fremd, und ein wenig fremd ist mir Polen immer geblieben.« (*ML* 163) Mit diesen Sätzen beginnt der zweite Teil von Reich-Ranickis Autobiografie. Es ist ihr eindrucksvollster. Das liegt vor allem an der Furchtbarkeit des erzählten Geschehens.

Dem jungen Reich ging es zunächst besser als den meisten, die im Herbst 1938 aus Deutschland nach Polen deportiert wurden. Denn in Warschau wohnten bereits seine Eltern und sein Bruder, die ihn in ihre gemeinsame Wohnung aufnahmen. Bis auf ein wenig Nachhilfeunterricht in Deutsch hatte er zunächst keine Arbeit – dafür umso mehr Zeit zum Lesen. Er entdeckte die polnische Dichtung und hatte Zugang zur Exilliteratur.

Die Situation änderte sich grundlegend, als im Sommer 1939 die deutschen Truppen Polen überfielen und Warschau besetzten. Die Stadt wurde zu einem Trümmerfeld. Und die deutschen Soldaten machten Jagd auf die Juden, beraubten und erniedrigten, schikanierten und quälten sie. »Jeder Deutsche, der eine Uniform trug und eine Waffe hatte, konnte in Warschau mit einem Juden tun, was er wollte.« (*ML* 186)

Einer dieser Juden hieß Langnas. Er hat die ihm zugefügten Beschämungen nicht ertragen. In Lodz war er Mitinhaber einer Textilfabrik gewesen, die er nun nicht mehr betreten durfte. Wenig später wurde er auf offener Straße von einem deutschen Soldaten geohrfeigt. In den folgenden Wochen sprach er viel von Selbstmord. Nachdem er zusammen mit der Familie nach Warschau geflüchtet war, redete er davon nicht mehr, zeigte jedoch Merkmale einer tiefen Depression. Am 21. Januar 1940 gingen seine Frau und seine Tochter für kurze Zeit außer Haus. Als sie zurückkehrten, hatte sich Herr Langnas an seinem Hosengürtel aufgehängt. Der Tochter gelang es nicht, den Gürtel zu durchschneiden. Als Helene Reich von dem Geschehen in der Nachbarschaft hörte, bat sie ihren Sohn, sich um die junge Frau, die Teofila hieß, zu kümmern. Er tat es – und so fing eine die folgenden Jahrzehnte überdauernde Liebes- und Ehegeschichte an.

Teofila Langnas, genannt Tosia, wurde am 12. März 1920 in Lodz geboren. Das geplante Kunststudium in Paris verhinderte nach dem Abitur im Jahre 1939 der Kriegsausbruch. Im Dezember 1939 floh die Familie Langnas aus Lodz nach Warschau. Im November musste die Familie in das Getto umziehen. Dort war Teofila Langnas als Graphikerin tätig. 1941 schenkte sie Marcel Reich zum 21. Geburtstag eine von ihr illustrierte und mit der Hand abgeschriebene Auswahl aus Erich Kästners *Lyrische Hausapotheke*, am 22. Juli 1942 heiratete sie ihn.

Das Elend in dem Getto hielt sie in Form etlicher Aquarelle fest, die mit »T. Reich« gezeichnet sind. Sie wurden im Jahr 2000 in dem zusammen mit Hanna Krall verfassten Buch *Es war der letzte Augenblick. Leben im Warschauer Getto* veröffentlicht.

Zu den Willkürakten der deutschen Soldaten traten die bürokratischen Aktionen der deutschen Schreibtischtäter. Kurz nach der Besetzung Warschaus verfügten sie, dass sich Juden nur in einem bestimmten Teil der Stadt aufhalten durften. Das war der Beginn des Warschauer Gettos. Zu den bürokratischen Maßnahmen gehörte eine Volkszählung. Durchzuführen hatte sie die Jüdische Kultusgemeinde, die von den deutschen Behörden umbenannt wurde. Sie hieß zunächst »Ältestenrat der Juden« und bald darauf »Judenrat«. Für die Volkszählung brauchte man zahlreiche Helfer, auch solche, die der deutschen Sprache mächtig waren. Marcel Reich bewarb sich und wurde vom Judenrat angestellt, um dessen Korrespondenz in deutscher Sprache zu führen.

Der Judenrat hatte vor allem zwei Aufgabenbereiche: Er musste das Getto verwalten und dabei die Belange der Juden gegenüber den deutschen und den polnischen Behörden vertreten. Der 20-jährige Marcel Reich wurde Leiter des »Übersetzungs- und Korrespondenzbüros«. In dieser Funktion hatte er Einblick in die gesamte Korrespondenz zwischen dem Judenrat und den deutschen Behörden. Er gehörte damit zu den am besten informierten Personen im Getto. Der Autobiograf beschreibt seine Tätigkeit rückblickend als eine »nicht unheikle Aufgabe«. (*ML* 204) Was daran heikel war, wird nicht recht deutlich, zumindest nicht ausdrücklich.

Die Arbeit des Judenrates stand unter dem Zwang zu ständigen Kompromissen zwischen deutschen und jüdischen Interessen. Der Rat wurde von den Juden wie von den Deutschen gebraucht und zugleich beargwöhnt. Wer hier arbeitete, war gegenüber den anderen Juden relativ privilegiert und schon deshalb wenig beliebt, wenn nicht sogar verdächtig. Doch auch die deutschen Besatzer hatten Gründe, den Angehörigen des Rates zu misstrauen. Die Autobiografie erzählt von Kontakten des jungen Marcel Reich zu dem Historiker Manuel Ringelblum, der ein Untergrundarchiv gegründet hatte. Dort wurde alles gesammelt, was das

Abb. 10: Teofila Langnas, 1940

Abb. 11: Marcel Reich, 1942

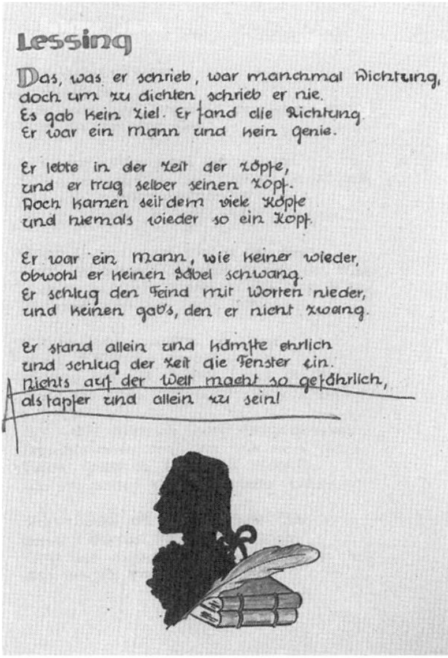

Lessing

Das, was er schrieb, war manchmal Dichtung,
doch um zu dichten, schrieb er nie.
Es gab kein Ziel. Er fand die Richtung.
Er war ein Mann und kein Genie.

Er lebte in der Zeit der Zöpfe,
und er trug selber seinen Zopf.
Noch kamen seitdem viele Köpfe
und niemals wieder so ein Kopf.

Er war ein Mann, wie keiner wieder,
obwohl er keinen Säbel schwang.
Er schlug den Feind mit Worten nieder,
und keinen gab's, den er nicht zwang.

Er stand allein und kämpfte ehrlich
und schlug der Zeit die Fenster ein.
Nichts auf der Welt macht so gefährlich,
als tapfer und allein zu sein!

Abb. 12: Das Gedicht »Lessing« aus *Doktor Erich Kästners Lyrischer Hausapotheke*, 1936, in der illustrierten Abschrift der Gedichte von Teofila Langnas

Abb. 13: Aquarell »Selektion« von Teofila Reich aus *Es war der letzte Augenblick*

Abb. 14: Aquarell »Mutter« von Teofila Reich aus *Es war der letzte Augenblick*

Leben im Getto dokumentieren konnte. Diese Materialien dienten auch als Bestandteile von Berichten an die polnische Untergrundbewegung und an die Exilregierung in London. Marcel Reich fertigte von allen wichtigen Briefen und Berichten Kopien an und händigte sie einem Mitarbeiter Ringelblums im Sekretariat des Judenrates aus. Ringelblum und seine Familie wurden 1944 von den Deutschen erschossen. Sein Archiv hat zum größten Teil den Krieg überstanden.

Der Judenrat arbeitete gegen die Deutschen und zugleich unter ihrem Diktat. Die prekäre Situation derer, die ihm angehörten, konnte tragische Dimensionen annehmen. So auch im Fall Marcel Reich. Der sachliche Ton der Autobiografie meidet allerdings jedes tragische Pathos. Am 22. Juli 1942 diktierte Reich einer Mitarbeiterin seine polnische Übersetzung des Todesurteils, das die SS über die Juden von Warschau gefällt hatte. Es war ihm selbst wenige Stunden vorher von einem Deutschen diktiert worden, von Hermann Höfle, der die Deportation der Juden aus Warschau nach Treblinka vom 22. Juli bis September 1942 organisierte und überwachte.

Einen Tag später nahm sich Adam Czerniaków, der an der Spitze des Judenrates und damit des Gettos stand, das Leben. Reich-Ranickis Autobiografie widmet ihm ein eigenes Kapitel. Es spiegelt indirekt auch etwas von der eigenen Situation wider. Mit der Position Czerniaków im Judenrat war die Marcel Reichs gewiss nicht zu vergleichen. Er gehörte jedoch zu seinen Helfern. »Wenn er besonders wichtige Dokumente diktieren wollte oder einen Brief selber auf deutsch schrieb und Hilfe brauchte, rief er mich zu sich«. (*ML* 246) Czerniaków entzog sich mit seinem Freitod der Aufgabe, die ihm die Nationalsozialisten zugedacht hatten: Er »sollte der Henker der Warschauer Juden sein«. (*ML* 243) Das Bild, das man sich im Getto von diesem Mann machte, beschreibt die Autobiografie so: »Er war im Getto nur von wenigen geachtet, von vielen wurde seine Tätigkeit mißbilligt; er wurde sogar verabscheut und gehaßt. Denn man machte ihn für die barbarischen Maßnahmen der Deutschen mitverantwortlich, zumal kaum jemand wußte, daß er sich nahezu täglich bemühte, das Elend der Bevölkerung zu mildern – was in den meisten, doch nicht in allen Fällen vergeblich war.« (*ML* 245)

In Czerniaków's Umgebung gab es einige, die als Gestapo-Agenten galten. Die Deutschen zwangen ihn, mit diesen zusammenzuarbeiten. Zu den durchaus zahlreichen Kollaborateuren im Judenrat gehörte Czerniaków selbst jedoch nicht. »Nicht imstande, gegen die Deutschen zu kämpfen, weigerte er sich, ihr Werkzeug zu sein.« (*ML* 250 f.) So beschreibt Reich-Ranicki Czerniakóws Position. Dieser verabschiedete sich von seiner Frau mit den Sätzen: »Sie verlangen von mir, mit eigenen Händen die Kinder meines Volkes umzubringen. Es bleibt mir nichts anderes übrig, als zu sterben.« An den Judenrat in Warschau schrieb er: »Ich bin machtlos, mir bricht das Herz vor Trauer und Mitleid, länger kann ich das nicht ertragen.« (*ML* 250)

Das nationalsozialistische Dekret vom 22. Juli 1942 nahm einige Personengruppen von der »Umsiedlung« aus, darunter die Mitarbeiter des Judenrates sowie deren Frauen und Kinder. Noch am selben Tag ließen sich daher Marcel Reich und Teofila Langnas von einem Rabbiner trauen. Die »Flitterwochen«, die der improvisierten Blitzhochzeit folgten, gehörten zur schrecklichsten Zeit ihres Lebens. Zwischen dem 23. Juli 1942 und dem September desselben Jahres wurde der überwiegende Teil der Warschauer Juden ermordet. Täglich wurden mehrere Tausende in Viehwaggons verladen, die nach Treblinka fuhren. Es gab dort kein Konzentrationslager, sondern nur ein Gebäude mit drei Gaskammern. Ausgenommen von den Transporten wurden zunächst die »nützlichen«, darunter jene, die im Judenrat arbeiteten. Die Eltern des jungen Ehepaares gehörten nicht dazu. Die Mutter von Teofila Langnas wurde im August 1942 zum »Umschlagplatz« getrieben, Reichs Eltern gingen den gleichen Weg im September:

> Meine Eltern hatten schon ihres Alters wegen – meine Mutter war 58 Jahre alt, mein Vater 62 – keine Chance, eine »Lebensnummer« zu bekommen, und es fehlten ihnen Kraft und Lust, sich irgendwo zu verbergen. Ich sagte ihnen, wo sie sich anstellen mußten. Mein Vater blickte mich ratlos an, meine Mutter erstaunlich ruhig. Sie war sorgfältig gekleidet: Sie trug einen hellen Regenmantel, den sie aus Berlin mitgebracht hatte. Ich wußte, daß ich sie zum letzten Mal sah. Und so sehe ich sie immer noch: meinen hilflosen Vater und meine Mutter in dem schönen Trenchcoat aus einem Warenhaus unweit der Berliner Gedächtniskirche. Die letzten Worte, die Tosia von meiner Mutter gehört hat, lauten: »Kümmere dich um Marcel.«
>
> Als sich die Gruppe, in der sie standen, dem Mann mit der Reitpeitsche näherte, war er offenbar ungeduldig geworden: Er trieb die nicht mehr jungen Leute an, doch schneller nach links zu gehen. Er wollte schon von seiner schmucken Peitsche Gebrauch machen, aber es war nicht mehr nötig: Mein Vater und meine Mutter – ich konnte es von weitem sehen – begannen in ihrer Angst vor dem strammen Deutschen zu laufen, so schnell sie konnten. (*ML* 260)

Im Herbst 1942 waren im Getto von den zuvor über 400 000 Juden noch etwa 60 000 übrig. Unter ihnen Marcel und Teofila Reich. Im Januar 1943 standen auch sie in einer großen Kolonne, die zum »Umschlagplatz« geführt wurde. Den beiden gelang es, zu fliehen und sich zu verstecken. Im Februar 1943 verließen sie heimlich das Getto.

Ein Pole namens Bolek gewährte ihnen Unterschlupf. Ihm und seiner Frau Genia hat Reich-Ranickis Autobiografie ein kleines Denkmal gesetzt. Der Mann war von Beruf Setzer, ein gebildeter Proletarier, der während der Okkupation zu den Arbeitslosen gehörte.

Tagsüber blieb das junge Ehepaar in einem Keller, einem Erdloch oder auf dem Dachboden versteckt. Nachts musste es für Bolek arbeiten. Marcel und Teofila Reich fertigten Tausende von Zigaretten an, die Bolek verkaufte. Der Mann war Alkoholiker. In angetrunkenem Zustand konnte sein Selbstbewusstsein enorm steigen, und in einem solchen Zustand erklärte er eines Tages feierlich: »Adolf Hitler, Europas mächtigster Mann, hat beschlossen: Diese beiden Menschen hier sollen sterben. Und ich, ein kleiner Setzer aus Warschau, habe beschlossen: Sie sollen leben. Nun wollen wir mal sehen, wer siegen wird.« (*ML* 284)

Seine willigen Helfer hielt sich Reich auch mit Hilfe der Literatur gewogen. In gewisser Weise verdankte er so auch ihr sein Überleben – indem er sie nacherzählte, viele Nächte lang, in denen mit künstlichem Licht gespart wurde und das Bedürfnis nach Unterhaltung groß war.

> Eines Tages kam Boleks Frau auf die Idee, ich solle mal was erzählen, am besten eine spannende Geschichte. Von diesem Tag an erzählte ich täglich, sobald es dunkel geworden war, dem

Bolek und seiner Genia allerlei Geschichten – stundenlang, wochenlang, monatelang. Sie hatten nur einen einzigen Zweck: die beiden zu unterhalten. Je besser ihnen eine Geschichte gefiel, desto besser wurden wir belohnt: mit einem Stück Brot, mit einigen Mohrrüben. Ich habe keine Geschichten erfunden, keine einzige. Vielmehr erzählte ich, woran ich mich erinnern konnte. In der düsteren, kümmerlichen Küche bot ich meinen dankbaren Zuhörern schamlos verballhornte und auf simple Spannung reduzierte Kurzfassungen von Romanen und Novellen, Dramen und Opern, auch von Filmen. Ich erzählte den »Werther«, »Wilhelm Tell« und den »Zerbrochenen Krug«, »Immensee« und den »Schimmelreiter«, »Effi Briest« und »Frau Jenny Treibel«, »Aida«, »Traviata« und »Rigoletto«. Mein Vorrat an Themen und Geschichten war, wie sich erwies, enorm, er reichte für viele, viele Winterabende. (*ML* 286)

Günter Grass hat die Episode, die ihm Reich-Ranicki erzählt hatte und die an die Rahmenhandlung der *Märchen aus Tausendundeiner Nacht* erinnert, 1972 im *Tagebuch einer Schnecke* aufgegriffen. Die Autobiografie erzählt davon, und sie erzählt auch, wie Bolek auf die Nacherzählung des *Prinzen von Homburg* reagierte. Hier wird der Mann zum Sprachrohr von Reich-Ranickis antiheroischer Einstellung:

Der Teufel soll die Deutschen holen, alle zusammen. Aber dieser Herr Hamburg, der gefällt mir. Er hat Schiß vor dem Tod – wie wir alle. Er will leben. Er pfeift auf Ruhm und Ehre. Ja, das gefällt mir. Ich sage es dir: Dieser Deutsche, der Teufel soll sie alle holen, ist der Mutigste von ihnen. Er hat Angst, aber er schämt sich nicht, er redet offen von seiner Angst. Solche, die leben wollen, die lassen auch andere leben. Ich glaube, dieser

Herr Hamburg trinkt gern ein Gläschen Wodka und er gönnt auch anderen ein Gläschen. Schade, daß er nicht jetzt der Kommandant von Warschau ist. Dieser Deutsche, der Teufel soll sie alle holen, er würde niemanden hinrichten lassen. Komm, trinken wir auf die Gesundheit des deutschen Herrn Hamburg. (*ML* 287)

NACH DEM KRIEG

Am 7. September 1944 nahm die Rote Armee den Vorort von Warschau ein, in dem sich Marcel und Teofila Reich versteckt hielten. Beide waren frei, doch unterernährt und abgemagert, mit Lumpen bekleidet und ohne Geld. Sie meldeten sich freiwillig zum Militärdienst, wo man Kleidung und Essen bekommen konnte, wurden zunächst abgelehnt, doch dann der Propagandaabteilung der Armee zugeteilt. Als man die Abteilung auflöste, versetzte man das Ehepaar in die militärische Postzensur. Dort nahm Marcel Reich bald eine leitende Position ein. Er hatte zu prüfen, ob in Briefen, die meist von polnischen Soldaten stammten, gewollt oder ungewollt militärische Geheimnisse preisgegeben wurden. Auch antideutsche Äußerungen sollten zensiert werden, weil die Sowjetunion schon damals eine deutsche kommunistische Regierung plante. Reich wurde mehrfach befördert und versetzt, zuletzt nach Warschau in die Zentrale der Postzensur, in der er wiederum eine leitende Stelle erhielt.

Die Zensur unterstand dem Ministerium für Öffentliche Sicherheit (Ministerstwo Bezpieczenstwa Publicznego, abgekürzt: MBP), also dem Geheimdienst Polens und dem Pendant zur späteren »Stasi« der DDR. In diesem Ministerium wurde ein Major auf die Qualitäten des 25-Jährigen aufmerksam und bot ihm im Herbst 1945 an, in Berlin für den Auslandsnachrichtendienst zu arbeiten. So kehrte Reich im Januar 1946 in die Stadt seiner Jugend zurück. Er tat dies gern: »Nicht Rachsucht trieb mich nach Berlin, sondern Sehnsucht: Die Stadt wollte ich wiedersehen, in der ich aufgewachsen war, den Ort, der mich geprägt hatte.« (*ML* 316)

Offiziell war Reich in der polnischen Militärmission angestellt, die sich um die Rückgabe der im Krieg aus Polen abtransportierten Maschinen und Fabrikeinrichtungen bemühte, inoffiziell sollte er zugleich für den Nachrichtendienst tätig sein. Doch der war in Berlin noch gar nicht aufgebaut. In der Militärmission hatte Reich wenig zu tun, für den Geheimdienst nichts. Die Abende verbrachte er wie früher im Theater und in Konzerten, diesmal freilich meist in provisorischen Sälen inmitten einer Ruinenlandschaft.

Im April 1946 wurde er nach Warschau zurückbeordert. Hier machte er weiter Karriere. In der Abteilung des Sicherheitsministeriums, die für Auslandsaufklärung zuständig war, wurde er innerhalb weniger Monate mehrfach befördert und ausgezeichnet. Im Rang eines »Hauptmanns« leitete er das Großbritannien-Referat und war zugleich stellvertretender Chef der »operativen« Abteilung. Damit war er nicht nur für Großbritannien, sondern auch für Deutschland und einige andere Länder zuständig. Die Karriere wurde durch das Angebot gekrönt, in London eine leitende Position im Konsulat und zugleich wiederum im Nachrichtendienst zu besetzen. Die Arbeit in London war damals für Polen von besonderer Brisanz. Denn dort hielten sich zahlreiche Emigranten auf und residierte die antikommunistische Exilregierung, die es zu observieren und zu infiltrieren galt. Im Februar 1948 trat Reich in London seinen doppelten Dienst an: als Vizekonsul und als »Hauptmann« ohne Uniform (polnisch: »Kapitan«) im Geheimdienst. Er tat dies unter einem neuen Namen: Marceli Ranicki. Da »Reich« zu deutsch oder auch zu jüdisch klang und zudem an die Bezeichnung »Deutsches Reich« erinnerte, hatte man ihm nahegelegt, einen anderen, polnisch klingenden Namen zu wählen.

Ranicki war zu diesem Zeitpunkt schon länger als zwei Jahre Mitglied der Kommunistischen Partei Polens. 1945 war er in sie eingetreten. Der Kommunismus hatte ihn als Idee schon früher interessiert, das »Kommunistische Manifest« regelrecht begeistert, nicht zuletzt als ein Stück rhetorisch brillanter deutscher Literatur. Auf die Inhalte des Marxismus und Kommunismus lässt sich Reich-Ranickis Autobiografie nicht ein, wohl aber auf die psychische Bedeutung, die sie für ihn hatten. Der Kommunismus schien ihm das zu bieten, was ihm fehlte und wonach er ständig suchte: Heimat und Geborgenheit. Ihn habe »die Möglichkeit fasziniert«, so erinnert er sich in *Mein Leben*, »an einer weltweiten, einer universalen Bewegung teilzunehmen, einer Bewegung, von der sich unzählige Menschen die Lösung der großen Probleme der Menschheit versprachen. Ich glaubte, endlich gefunden zu haben, was ich schon lange benötigte: eine Zuflucht, wenn nicht gar, das Wort läßt sich schwer vermeiden, Geborgenheit.« (*ML* 323) Hinzu kam, dass Reich und seine Frau der Roten Armee ihr Leben verdankten. Die polnische Armee, zu der sich beide freiwillig gemeldet hatten, unterstand dem sowjetischen Oberbefehl. Sie war also Teil der Roten Armee.

In London bestand Ranickis Tätigkeit, wie die Autobiografie berichtet, zum größten Teil in der Konsulatsarbeit, die nicht sonderlich anstrengend war. Er war zunächst Vizekonsul, später Konsul, mit achtundzwanzig Jahren der jüngste in London, und zeitweise Leiter des Generalkonsulats. Von den vierzig Angestellten waren außer ihm noch etwa vier andere für den Geheimdienst tätig. Die Angaben darüber, wie viele Informanten für den Geheimdienst darüber hinaus tätig waren, schwanken. Reich-Ranicki erinnert sich an

»zehn bis fünfzehn Mitarbeiter, meist arbeitslose und pensionierte Journalisten« (*ML* 326), einer seiner damaligen Untergebenen an mindestens dreißig »Spione«. (*DA* 137)

IM POLNISCHEN GEHEIMDIENST

Reich-Ranickis Tätigkeit für den berüchtigten polnischen Geheimdienst »Bezpieka«, so das umgangssprachliche Wort für das Ministerium für Öffentliche Sicherheit, begann, wie eine Akte aus den Warschauer Archiven bezeugt, am 25. Oktober 1944 mit der Arbeit für die Postzensur und endete am 25. Januar 1950. Über diese Tätigkeit wurde im Sommer 1994 heftig debattiert. Ein weniger spektakuläres Nachspiel hatte die Diskussion, als im August 2002 die Personalakte des Ministeriums über Ranicki vom polnischen »Institut des Nationalen Gedenkens«, von der polnischen Entsprechung der »Gauck-Behörde«, in Warschau zur Einsicht frei gegeben wurde und deutsche Zeitungen darüber berichteten.

Von Reich-Ranickis Geheimdiensttätigkeit hatten die Öffentlichkeit und selbst enge Freunde bis 1994 nichts gewusst. Am 4. April 1994 erschien im *Spiegel* unter dem Titel »Tante Christa, Mutter Wolfen« ein Verriss Marcel Reich-Ranickis zu Christa Wolfs Buch *Auf dem Wege nach Tabou*. Die zwischen 1990 und 1994 geschriebenen Texte, die in dem Buch publiziert waren, und die literaturkritischen Reaktionen darauf standen im Zusammenhang mit den damaligen Debatten um Christa Wolfs Position in der ehemaligen DDR. Kurz zuvor war publik geworden, dass der Staatssicherheitsdienst der DDR die damals noch junge Autorin von 1959 bis 1962 in seinen Akten als »Inoffizielle Mitarbeiterin« (IM) geführt hatte. Einen neuen Streit über Christa Wolf initiierte Reich-Ranickis umstrittene Rezension nicht, wohl aber eine Debatte über ihn selbst und eine Episode seiner Lebensgeschichte, die mit der IM-Vergangenheit der von ihm attackierten Autorin verglichen wurde. Unverhüllt als Racheakt für seine Angriffe auf Christa Wolf, gab der Journalist Tilman Jens, Sohn von Reich-Ranickis langjährigem Freund Walter Jens, in der Fernsehsendung »Kulturweltspiegel« vom 29. Mai 1994 sich später erhärtende Hinweise auf Reich-Ranickis Arbeit für den polnischen Geheimdienst, die er bislang verschwiegen hatte. Dem Medieninteresse am Fall Christa Wolf folgte so als Nachspiel unversehens das am Fall Reich-Ranicki.

Über Christa Wolfs IM-Vergangenheit hatte sich Reich-Ranicki jedoch mit keinem Wort geäußert. Dass die Autorin überzeugte Kommunistin war, hatte er nie kritisiert. »Niemand zieht sie dafür zur Rechenschaft, am wenigsten der Schreiber dieser Zeilen, der auch einmal an den Kommunismus geglaubt hat.« Es gehe nicht darum, so Reich-Ranicki in seiner Rezension, »daß sie verblendet war, sondern daß sie es geblieben ist«. Als Reaktion auf seine Polemik gegen Christa Wolf war die Initiation der Debatte über Reich-Ranickis kommunistische Vergangenheit und Geheimdiensttätigkeit völlig verfehlt.

Dennoch wurde diese Episode seiner Lebensgeschichte über Monate hinweg zum Gegenstand öffentlicher Enthüllungen, Anschuldigungen, Verdächtigungen und Debatten, die ihn bedrängten und verletzten. Er selbst trug insofern zur Eskalation bei, als er erstmal gar nicht und dann zunächst mit verharmlosenden Entstellungen das Faktum seiner Arbeit für den Geheimdienst bestätigte. Er verlor Freunde, die sich von ihm hintergangen fühlten, Wolf Biermann zum Beispiel, der ihn vehement verteidigt hatte und seine Apologie kurz darauf widerrief: Er sei »in eine Freundschaftsfalle getappt. Marcel Reich-Ranicki hat mich gefoppt«. (*Der Spiegel* 27, 4.7.1994)

Dass der polnische Geheimdienst keineswegs eine harmlose und dilettantische, sondern eine verbrecherische und im wörtlichen Sinn mörderische Institution gewesen sei, hielt man Reich-Ranicki vor. Die Abteilung, in der er arbeitete, war freilich mit ihren Aufgaben der Informationsbeschaffung an diesen Verbrechen nicht beteiligt. Tilman Jens scheute sich nicht, die Machtausübung und die Verrisse des späteren Literaturkritikers als Fortsetzung geheimdienstlicher Skrupellosigkeit in einem totalitären Regime hinzustellen, in dem Konspiration, Denunziation und Desinformation an der Tagesordnung waren. Ein weiterer Vorwurf lautete, Reich-Ranicki habe in London Exilpolen zur Heimkehr veranlasst und damit in den Tod geschickt; Kenner der Situation wiesen jedoch darauf hin, dass die Rückführung von Exilanten nicht zu seinem Aufgabenbereich gehört hatte. Einige schwächten daraufhin den früheren Vorwurf zu dem der Mitwisserschaft ab. Eine kurze Zeit kursierte sogar der bald zurückgenommene Verdacht, dass er 1958 aus Polen nicht in die Bundesrepublik geflüchtet, sondern mit geheimdienstlichen Aufträgen geschickt worden sei.

Solche Vorwürfe und Spekulationen, die durch keine der bislang aufgetauchten Akten bestätigt wurden, waren zunächst dazu angetan, den Ruf Marcel Reich-Ranickis nachhaltig zu beschädigen. Unter gewiss ganz anderen Umständen wiederholte sich dabei 1994 etwas von dem dramatischen Geschehen im Jahr 1949, als Reich-Ranickis politische Karriere ihr plötzliches Ende fand. Politische und persönliche Machtkämpfe, Feindseligkeiten, Halbwahrheiten und Denunziationen waren nämlich kennzeichnend für beide Krisenphasen in dieser Lebensgeschichte. In jeder kämpfte Reich-Ranicki mit größter Hartnäckigkeit um seine Rehabilitation. Diese gelang ihm nur zum Teil, doch beide Male hatte die Krise einen positiven Effekt. Die Auseinandersetzungen von 1994 dürften maßgeblich zu Reich-Ranickis Entschluss beigetragen haben, seine Autobiografie zu schreiben. Es scheint, als seien ganze Teile davon wohlüberlegte Reaktionen darauf, nachholende und sich wiederholende Erzählungen über Dinge, über die zu erzählen ihm vor 1994 schwerfiel. Als andere begannen, Nachforschungen über sein Leben anzustellen, wollte er ihnen seine eigene Version entgegenstellen.

Einiges davon ist schon in das 1995 erschienene Buch *Marcel Reich-Ranicki* von Volker Hage und Mathias Schreiber eingegangen: in die dort abgedruckten Interviews, in die Neupublikation seiner autobiografischen Erzählung aus dem Jahr 1958 über das Wiedersehen mit Berlin nach Kriegsende und auch in den biografischen Essay Volker Hages, der auf ausführlichen Gesprächen mit Reich-Ranicki basiert. Die zu dieser Zeit bereits aufgenommene Arbeit an der Autobiografie schloss Reich-Ranicki erst im Frühjahr 1999 ab. Hier sind es nur noch wenige Passagen, die ganz offensichtlich unter dem Rechtfertigungsdruck von 1994 stehen, vor allem diese: »Wenn ich mich damals, noch im Krieg gegen das nationalsozialistische Deutschland, dem Ruf polnischer Behörden, im Auslands-Nachrichtendienst zu arbeiten, verweigert oder entzogen hätte – ich hielte es für einen Fleck in meiner Biographie.« (*ML* 315 f.)

Mit welcher gewitzten Lockerheit er über die Geheimdienstepisode berichtet, ist schon frappierend. Es scheint, als habe er sich beim Schreiben von der Zumutung, sich gegenüber öffentlichen Unterstellungen zur Wehr zu setzen, weitgehend befreit. Dichtung und Wahrheit dürften sich in der Autobiografie zumindest dort kaum trennen lassen, wo die Lust am Fabulieren unübersehbar wird. Leichter und wirksamer jedenfalls hätte Reich-Ranicki die Unerheblichkeit dieser Phase nicht demonstrieren können.

Die Autobiografie hat passagenweise Merkmale eines Schelmenromans. Eine Art Felix Krull gelangt in einem grotesken Apparat unversehens zu immer höheren Ehren und Posten. In Berlin weiß er nicht recht, was er für den Geheimdienst überhaupt zu tun hat, und glaubt schließlich, von der Warschauer Zentrale vergessen worden zu sein. In Warschau bekommt er von seinem Vorgesetzten die Aufgabe, seine Kollegen im Geheimdienst zu schulen. »Ich machte ihn darauf aufmerksam, daß ich von dieser Materie keine Ahnung hätte. Das sei ihm keineswegs neu – meinte er nicht ohne Ironie –, doch seien wir alle in dieser Hinsicht Anfänger. Ob ich etwa meine, daß die Parteimitglieder, die unlängst Minister geworden seien, irgend jemand auf ihre Aufgabe vorbereitet hätte?« (*ML* 321) Im Nebenzimmer will der sowjetische Berater daraufhin wissen, wie er sich die geplante Schulung vorstelle. Die wortreichen Antworten schöpfen vollständig »aus einer einzigen und für diesen Zweck wohl nicht immer zuverlässigen Quelle: aus Romanen, Erzählungen und Reportagen«. (*ML* 321 f.) Der nach seiner eigenen Einschätzung eher kurzweilige als nützliche Lehrgang, den Ranicki dann in seiner zeitweiligen Tätigkeit als »Instrukteur« des Geheimdienstes konzipierte, erzielte den größten

Abb. 15: Marcel Reich mit einer Bekannten in Berlin, 1946

Abb. 16: Als polnischer Konsul in London, 1948

Abb. 17: Urlaubsreise, 1949

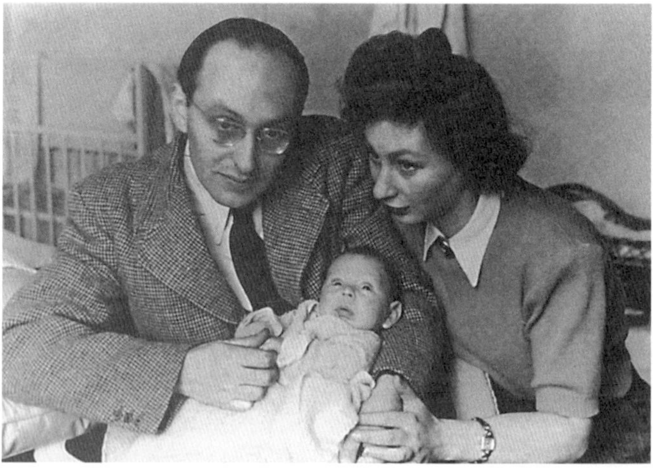

Abb. 18: Mit dem Sohn Andrzej Alexander in London, 1949

Erfolg »mit der auf Egon Erwin Kisch zurückgehenden Geschichte von Oberst Redl und seiner Aufdeckung«. (*ML* 322)

Nicht zuletzt eine durch Literatur und Film angeregte Abenteuerlust habe ihn bei seiner Entscheidung, für den Geheimdienst zu arbeiten, motiviert, der Reiz einer »Tätigkeit, die mit einer besonderen Aura umgeben war, ein dunkler und heikler Lebensbereich, eine von der Literatur und vom Film mythologisierte Sphäre«. (*ML* 316) Die tatsächliche Tätigkeit in London hatte freilich mit kolportierten Geheimdienstklischees wenig zu tun. Diese werden von dem Autobiografen nicht ohne Witz desillusioniert: »Ich habe weder einen künstlichen Bart gehabt noch ein Toupet. Ich habe keine Geheimtinte benutzt, ich hatte keine Waffe, keinen Fotoapparat, keinen Fotokopierer und kein Tonbandgerät.« (*ML* 326) Und noch nicht einmal einen Agenten hatte der polnische Geheimdienst in der Exilregierung, der ihm hätte berichten können.

Zu den wichtigsten Aufgaben der Geheimdiensttätigkeit in London gehörte es nach Reich-Ranickis Darstellung, Informationen über diejenigen Polen zu sammeln, die aus politischen Gründen in England lebten. »Es ging darum, rechtzeitig zu ermitteln, was die politischen Emigranten gegen den neuen polnischen Staat unternehmen wollten.« (*ML* 322) Kontakte zu Exilpolen hatte Ranicki selbst nicht. Wie schon vorher in der Postzensur bestand seine Tätigkeit wesentlich aus der kritischen Arbeit an Texten. Er hatte nach eigenen Angaben die von anderen gelieferten Auskünfte und Berichte über die politischen Exilanten zu begutachten und nach Warschau weiterzuleiten. Die Informationen stammten zum größten Teil aus öffentlichen Versammlungen und den polnischen Exilzeitungen, waren also eigentlich wenig geheim, wurden jedoch aus Prestigegründen als geheim deklariert. Die Reaktionen aus der Warschauer Zentrale auf das dorthin geschickte Material waren spärlich, Weisungen kamen selten. Die Arbeit schien daher insgesamt ziemlich unerheblich und war wenig befriedigend.

Das, so suggeriert die Autobiografie, war einer der Gründe dafür, über diese Tätigkeit so lange nichts zu erzählen. Ausdrücklich führt die Autobiografie einen anderen, gravierenderen Grund an: Nach der Entlassung aus dem Außen- und dem Sicherheitsministerium wurde Ranicki noch einmal vorgeladen. »Ich hatte eine Erklärung zu unterzeichnen, der zufolge ich mich verpflichtete, niemals ein Wort über den polnischen Geheimdienst und über alles, was mit ihm zusammenhing, verlauten zu lassen. Sollte ich mich nicht daran halten, müsse ich – darüber wurde ich mit besonderem Nachdruck belehrt – der schlimmsten und schärfsten Konsequenzen gewärtig sein. Was damit gemeint sei, dessen sei ich mir wohl bewußt. Obwohl das Wort ›Todesstrafe‹ nicht verwendet wurde, hatte ich keinen Zweifel, worauf meine Gesprächspartner anspielten. Ich habe die Drohung sehr ernst genommen.« (*ML* 332)

Von dem tatsächlichen Ernst solcher Drohungen zeugen autobiografische Berichte, die ein damaliger Mitarbeiter des polnischen Geheimdienstes in Warschau und in London, Krzysztof Starzyński, nach der Wende von 1989 in polnischer Sprache publizierte. Eine deutsche Version dieser Erinnerungen erschien, von einem Journalisten bearbeitet, 1997 – mit einem Vorwort von Tilman Jens, der sich schon 1994 bei seinen »Enthüllungen« über Reich-Ranicki auf Starzyński berufen hatte. Ranicki war in London Starzyńskis unmittelbarer Vorgesetzter. Dessen Erinnerungen an Ranicki bleiben im Resultat vage: »Mir scheint«, schreibt Starzyński am Ende des Buches, »daß die volle Wahrheit um die Vergangenheit des deutschen Literaturpapstes [...] immer noch im Dunkeln liegt.« (*DA* 239) Starzyński selbst wurde zu einem Doppelagenten. 1949 verriet er dem britischen Geheimdienst, was er über die kommunistische Regierung und die »Bezpieka« wusste. 1950 verurteilte ein polnisches Gericht ihn und seine Frau in Abwesenheit zum Tode. Die Frau wurde 1962 in Neuseeland vergiftet; der Mann lebte vierzig Jahre lang in der Angst, von Agenten des polnischen Geheimdienstes entdeckt und bestraft zu werden.

Am 12. August 2002 berichtete zuerst *Die Welt* über die etwa 109 Blätter umfassende Personalakte, die das polnische Sicherheitsministerium über Ranicki angelegt hatte. Was Gerhard Gnauck, Korrespondent der Zeitung in Polen, der 2009 ein ganzes Buch über *Marcel Reich-Ranickis polnische Jahre* veröffentlichte, hier ausführte, bestätigte weitgehend das Bild, das schon 1994 die Berichte über polnische Akten und Augenzeugen vermittelten. Es weicht von dem Bild, das auch noch die Autobiografie von der Geheimdiensttätigkeit zeichnet, erheblich ab. »Ich war, um es gelinde auszudrücken, weder ein eifriger noch ein talentierter Organisator dieses geheimen Informationsdienstes« (*ML* 327), heißt es dort. Den Akten nach hat Ranicki seine Arbeit hingegen mit Leidenschaft betrieben und ist ein hervorragender Agentenführer gewesen. Mehrere Vorgesetzte lobten seine Intelligenz und seinen Eifer: Er sei »gut in der operativen Arbeit, vernarrt in den Geheimdienst«, er »kennt die Psyche des Agenten«, sei »ergeben, politisch zuverlässig, bewährt«. Seine Karriere gebe »Anlass zu großen Hoffnungen«. Moniert werden indes Arroganz, Opportunismus und »intelligenzlerhafte Manieren«.

Reich-Ranicki hat in einem Gespräch mit Uwe Wittstock, dessen spätere Biografie über ihn umfassend über diese politische Karriere informiert, noch in derselben Ausgabe der *Welt* die Abweichung von seiner eigenen Darstellung so erklärt: »Das Leben in London war für mich natürlich viel interessanter und auch bequemer als in Warschau. Wenn ich auf diesem Posten bleiben wollte, konnte ich der Warschauer Zentrale doch nicht die Wahrheit sagen, dass ich nämlich meine Arbeit für den Geheimdienst für belanglos und überflüssig halte und dass ich sie daher ungern mache.«

ENDE DER POLITISCHEN KARRIERE UND ANFANG EINER NEUEN

Beinahe zwei Jahre lebte das Ehepaar in London. Es ging ihm in dieser Zeit besser als je zuvor. Die beiden hatten eine geräumige Wohnung und ein großes amerikanisches Auto, reisten durch England und Schottland, mal auch ein Wochenende nach Paris, verbrachten ihren Urlaub in der Schweiz oder in Italien. »Wir waren privilegiert.« (*ML* 326)

Im Jahr 1948, am 30. Dezember, wurde in London das einzige Kind des Ehepaares geboren, der Sohn Andrzej Alexander, später auch Andrew genannt. Das Lebens- und Familienglück währte freilich nicht lange. Erneut fiel es den politischen Entwicklungen des 20. Jahrhunderts zum Opfer. Auf die Pläne Titos, in Jugoslawien eine eigenständige Form des Sozialismus zu etablieren, reagierte die Sowjetunion mit der Gleichschaltung der anderen großen Blockländer. Der Führer der polnischen Kommunisten, Władysław Gomułka, wurde gestürzt. Auf die relativ liberale Periode in der Geschichte Polens nach dem Krieg folgte die Zeit stalinistischer Rigorosität.

Die Gründe dafür, dass Ranicki 1949 aus London abberufen wurde, sind in der Autobiografie nur vage benannt. Er habe als »kosmopolitisch« gegolten. Das war ein Schimpfwort für Intellektuelle, die man nicht für linientreu hielt. Er selber habe, so erinnert sich Reich-Ranicki, um seine Abberufung gebeten. Die Personalakte des Sicherheitsministeriums nennt als Verdachtsmomente und Symptome ideologischer Entfremdung hingegen seine »unklare Rolle im Getto« und die eigenmächtige Erteilung eines polnischen Einreisevisums an seinen trotzkistischen Schwager in London. Zur Last gelegt wurde ihm außerdem, dass er in einem seiner ersten Lebensläufe für das Ministerium angegeben hatte, 1932 in Berlin der Kommunistischen Jugend und 1937 der illegalen KPD beigetreten zu sein. In Wahrheit hatte er lediglich Sympathien und Kontakte zu kommunistischen Kreisen und war für sie tätig, ohne Parteimitglied zu sein. Außerdem hatte er behauptet, im »Judenrat« des Warschauer Gettos auf einem untergeordneten Kanzleiposten beschäftigt gewesen zu sein, während er in Wirklichkeit Chefdolmetscher gewesen war. Ranickis Gegenspieler hofften, auch seine Aussage widerlegen zu können, dass er damals Kopien der ihm zugänglichen Dokumente an das Untergrundarchiv des Gettos weitergeleitet habe und am Überfall einer jüdischen Untergrundorganisation auf die Kasse des Judenrates beteiligt gewesen sei. Und man unterstellte ihm sogar eine Kollaboration mit den Deutschen.

Über all das informierte so detailliert wie keiner zuvor und ohne jene Feindseligkeit, die den Enthüllungen von Tilman Jens eigen war, der Warschauer Journalist Janusz Tycner in der *Zeit* vom 15. Juli 1994. Er hatte Einsicht in die Parteiakten Marcel und Teofila Ranickis sowie in die Personalakte des Außenministeriums, und er stützte sich auf Berichte einiger der wenigen noch lebenden Menschen, die Ranicki in der Zeit und im Umfeld seiner Geheimdiensttätigkeit gekannt hatten. Der zwei Zeitungsseiten lange Artikel führte weitere, wenn auch ganz anders geartete Gründe für die Entlassung Ranickis an. Demnach waren die offiziell geltend gemachten Gründe für den Ausschluss aus dem Dienst und der Partei nur wenig gewichtige, doch willkommene Vorwände, die dazu dienten, sich eines erfolgreichen Kollegen, der vielen als provozierend eitel und arrogant erschien »und der im Londoner Konsulat weniger gebildete Beamte mit seinen Belehrungen über Literatur und Musik genervt hatte«, endlich zu entledigen und die eigene revolutionäre Wachsamkeit unter Beweis zu stellen. Ranicki war nach dieser Version seiner damaligen Lebensgeschichte ein Opfer der im Sicherheitsministerium und in der Partei chronischen Intrigen und Machtkämpfe. Und es half ihm nicht, dass die Bemühungen seiner Gegner, Beweise für wirklich gravierende Vergehen zu finden, erfolglos blieben. So forderte die Parteikontrollkommission im November 1951 von dem Direktor des Jüdischen Historischen Instituts in Warschau ein Gutachten »über Ranickis Benehmen und Arbeit im Getto« an. Eine Woche später erhielt die Kommission einen Bericht, in dem zu lesen war: »Marceli Reich arbeitete im Warschauer Judenrat als Hauptdolmetscher für Deutsch. Belastendes über ihn und seine Tätigkeit in dieser Behörde ist uns nicht bekannt.« Der Bericht bestätigte, dass in einem Teil des Untergrundarchivs Kopien von Dokumenten mit Reichs Signatur (mr) gefunden wurden, die Beteiligung am Überfall auf die Kasse des Judenrates könne jedoch nicht nachgewiesen werden.

Diese Anfrage und die Antwort darauf gehörten freilich schon zum Nachspiel, das der Ausschluss Ranickis aus dem Sicherheitsministerium und der Partei hatte. Im November 1949 reiste er nach Warschau. Nach seiner Ankunft musste er seinen Diplomatenpass abgeben und erfahren, dass gegen ihn ein Dienstaufsichtsverfahren eingeleitet worden war. Ranicki setzte sich vehement gegen die Vorwürfe, die gegen ihn erhoben wurden, zur Wehr, erhielt dafür eine Disziplinarstrafe von zwei Wochen Arrest und verbrachte sie in Einzelhaft. Im Januar 1950 schloss man ihn aus dem Ministerium, Anfang März aus der Partei aus.

Die politische Karriere des 29-Jährigen war damit beendet. Erneut stand er vor dem Nichts. Einen Prozess hatte man ihm nicht gemacht. Man ließ es bei einem Parteiverfahren bewenden. »Ich wurde in einer dramatischen Sitzung, in der mich mancher meiner bisherigen Kollegen brutal anbrüllte, aus der Partei ausgestoßen. Die offizielle Begründung lautete: wegen ideologischer Entfremdung.« (*ML* 332) Ranicki war in Polen damit verfemt. Seiner Frau legte man nahe, sich von ihm abzuwenden und scheiden zu lassen. Kurze Zeit später erlitt sie einen schweren Nervenzusammenbruch. Seither war sie ihr Leben lang in medizinischer Behandlung.

Arbeitslos blieben beide nicht. Die Partei versorgte die von ihr Ausgeschlossenen mit Arbeitsplätzen. Teofila erhielt einen Redakteursposten im polnischen Rundfunk, Marcel

Ranicki eine Anstellung im Verlag des Verteidigungsministeriums, der auch Belletristik veröffentlichte. Der kurzen politischen Karriere Ranickis folgte seine dauerhafte im Dienste der Vermittlung deutscher Literatur. Die Rück- und erneute Hinwendung zur Passion seiner Jugendjahre erfolgte, so erzählt es die Autobiografie, just in jenen zwei Wochen, die er im Gefängnis verbrachte. Hier las er Anna Seghers Roman *Das siebte Kreuz.* »Während der Lektüre spürte ich immer deutlicher, daß meiner Laufbahn, die ich jetzt in Ruhe überblicken konnte, ein fatales Mißverständnis zugrunde gelegen hatte: Ich hatte geglaubt, die Politik könne meine Sache sein oder werden. Aber den Roman von Anna Seghers lesend, den ich noch heute liebe und bewundere, begriff ich, daß mich die Literatur ungleich mehr interessierte als alles andere.« (*ML* 331) Ähnlich hatte er schon Anfang 1986 in einem unveröffentlicht gebliebenen und erst 2020 publizierten Gespräch mit Paul Assall über sein Leben erzählt: »Eigentlich hat die Lektüre dieses Romans die Entscheidung heranreifen lassen, dass es vielleicht doch richtiger wäre, sich nicht mit Politik, sondern mit Literatur zu beschäftigen.«

Weil die DDR existierte, konnte es Reich-Ranicki gelingen, im Verlag des Ministeriums ein deutsches Lektorat zu initiieren. Da das Verlagsprogramm jedoch politische und militärische Literatur favorisierte, blieben die Entfaltungsmöglichkeiten im Bereich der Belletristik sehr beschränkt. Als Ranicki das Angebot eines führenden polnischen Belletristikverlages zur Mitarbeit erhielt, kündigte er die alte Stelle, noch bevor er die neue besetzte. Das Zentralkomitee der Partei erhob jedoch Einspruch dagegen, dass der Belletristikverlag einen leitenden Posten an Ranicki vergebe. So war er plötzlich erneut ohne Anstellung. Der Verlagslektor wurde zum freien Kritiker.

ANFÄNGE EINER KRITIKERKARRIERE

HALBFREIER SCHRIFTSTELLER IN POLEN

Schon während seiner Lektoratstätigkeit hatte Ranicki ein deutsches Buch, das in polnischer Übersetzung erschienen war, rezensiert und das Manuskript der besten Wochenzeitung des Landes, *Nowa Kultura*, geschickt. Es wurde sofort gedruckt. Und man bat ihn, regelmäßig die in Polen verlegte deutsche Literatur zu besprechen. Ranicki schrieb über Arnold Zweig, Hans Fallada, Bernhard Kellermann, über Anna Seghers, Johannes R. Becher, Friedrich Wolf und andere.

Völlig unerfahren im Schreiben von Rezensionen war er damals nicht. Besprechungen hatte er, unter dem Pseudonym Wiktor Hart, bereits im Warschauer Getto in der Zeitung *Gazeta Żydowska* publiziert, allerdings nicht über Literatur, sondern über Konzerte. Jetzt machte er aus früheren Nebenbeschäftigungen eine Haupttätigkeit. »Beinahe über Nacht war ich geworden, wovon ich in meiner Jugend geträumt hatte: ein Kritiker. Und ich war, obwohl ein Anfänger, doch schon ein freier Schriftsteller.« (*ML* 338) Neben Kritiken schrieb er Verlagsgutachten über deutsche Bücher und versuchte Verlage zu veranlassen, etliche deutsche Werke ins Polnische zu übersetzen und zu verlegen. Wenn die Versuche Erfolg hatten, schrieb er zu den Ausgaben in einigen Fällen ausführliche Vor- und Nachworte.

Um die angehende Karriere als Kritiker nicht zu gefährden, bat er um Wiederaufnahme in die Partei. Eine Antwort erhielt er nicht, doch wurde er in seiner literaturkritischen

Arbeit vorerst nicht gestört. Wenn deutsche Schriftsteller Polen besuchten, bemühte er sich um Kontakt zu ihnen. Die Autobiografie erzählt von Treffen mit Anna Seghers, Bertolt Brecht, Helene Weigel, Peter Huchel, Heinrich Böll und Günter Grass.

Anfang 1953 verhängte das Politbüro über Ranicki ein Publikationsverbot. Es blieb anderthalb Jahre in Kraft. Seine Veröffentlichungen könnten aus ideologischen Gründen nicht geduldet werden, erklärte man ihm. So berichtet es die Autobiografie. Die Begründung ist schwer nachvollziehbar. Wie Reich-Ranicki in seinem Rückblick selbst eingesteht, standen seine Arbeiten bis 1955 vielfach unter der Doktrin des sozialistischen Realismus. Und wenn es ein Verlag von ihm verlangte, kam er auch der Regel nach, auf hundert Seiten eines Buches mindestens einmal Stalin zu zitieren. In einem seiner zahlreichen Protestbriefe und Gesuche um Wiederaufnahme in die Partei schrieb er am 15. September 1953: »Legt meine literarische Arbeit der letzten Jahre nicht ein Zeugnis meiner ideologischen Einstellung ab? Zeugen etwa meine Kritiken, die zwischen 1951 und 1953 in den seriösesten polnischen Zeitschriften gedruckt wurden, meine Einleitungen, Nachworte, Vorträge usw. von meiner ideologischen Fremdheit? [...] Ich kann nicht begreifen, warum man mir keine Möglichkeit gibt, in die Partei zurückzukehren.« (zitiert in *A*)

Es waren wohl weniger ideologische Gründe als undurchschaubare Willkürakte eines bürokratischen Apparates, die zu dem Publikationsverbot geführt hatten. Als 1954, ein Jahr nach Stalins Tod, in Polen eine allmähliche Liberalisierungsbewegung in Gang kam, bemühte sich Ranicki um eine Aufhebung des Publikationsverbots. Der zuständige Mann in der Kontrollkommission der Partei erklärte ihm, er habe seine Akten geprüft und könne keinen Anhaltspunkt für ein Arbeitsverbot finden. Er könne ab sofort wieder publizieren. Das Verbot sei ein Irrtum, ein Missverständnis gewesen. »Nie habe ich erfahren, warum dieses Verbot verhängt und warum es nach über anderthalb Jahren wieder aufgehoben wurde. Anderen, die jahrelang inhaftiert waren, erging es ähnlich. So war es eben in Polen in der stalinistischen Zeit.« (*ML* 357)

Nach den Recherchen Tycners hatte dem Kritiker die Penetranz geschadet, mit der sowohl er als auch seine Frau darum kämpften, ihr Parteibuch wiederzubekommen. Vom Stigma ihrer großbürgerlichen Herkunft versuchte sich die Tochter eines begüterten Taschentuchfabrikanten, also eines »Kapitalisten«, durch den Verzicht auf ihr gesamtes Erbe zu befreien. Im August 1952 schenkte sie ihre drei Häuser dem Staat und erklärte dazu: »Meine Entscheidung wird bestimmt von meiner Weltanschauung, mit der ich das Besitzen kapitalistischen Vermögens nicht vereinbaren kann.« Teofila Ranicka erhielt im Februar 1954 den Parteiausweis zurück, Marceli Ranickis Bemühungen blieben jedoch vergeblich. Tycner berichtet: »Ranicki wurde lästig. Eine der internen Notizen beginnt mit dem Seufzer eines Parteibürokraten: ›Schon wieder hat sich Reich-Ranicki an uns mit der Bitte gewandt …‹ Er redete zu viel in der Öffentlichkeit, machte zu viel Wirbel um seinen Parteiausweis, bedrängte die Partei. Das konnte nicht ohne Folgen bleiben. Ende April 1953 forderte Oberst Fejgin, einer der übelsten Schergen vom Untersuchungsdepartment des MBP, Ranickis Parteiakte an. Bald darauf lehnte eine Redaktion nach der anderen ab, Ranickis Manuskripte zu drucken. Genosse

Pawel Hoffmann, Leiter der Kulturabteilung des ZK, hatte Weisung erhalten, dem aufsässigen Kritiker einen Dämpfer zu verpassen. Ranicki bekam Schreibverbot.«

Einige Monate nach der Aufhebung des Verbots erschien 1955 das erste größere Buch, das Marcel Reich-Ranicki veröffentlicht hat, unter dem Namen Marceli Ranicki in Warschau. Es blieb außerhalb Polens unbekannt, hat einen Umfang von 370 Seiten und ist eine Geschichte der deutschen Literatur. Genauer: ihre Geschichte ab der Reichsgründung im Jahr 1871 bis zur damaligen Gegenwart. Der Titel: *Z dziejów literatury niemieckiej 1871-1954*, auf Deutsch: »Aus der Geschichte der deutschen Literatur 1871-1954«. Es beginnt mit Theodor Fontane und Gerhart Hauptmann, geht ausführlich auf Thomas und Heinrich Mann ein, auf Lion Feuchtwanger, Arnold Zweig und vor allem auf Anna Seghers, über die er 1957 sein zweites Buch veröffentlichte. In der Vorbemerkung erklärt der Verfasser seinen polnischen Landsleuten: »Wenn dieses Buch neue Liebhaber der deutschen Literatur gewinnt und dazu beiträgt, unsere Verbindung zum friedliebenden und demokratischen Deutschland zu vertiefen – so werde ich meine Aufgabe erfüllt haben.«

An der Aufgabe, andere zu dem zu machen, was er selbst war: zu »Liebhabern der deutschen Literatur«, hat er bis zu seinem Lebensende festgehalten. Aber als Kritiker auch der eigenen Bücher erinnert Reich-Ranicki in seiner Autobiografie an die frühe Publikation nicht eben begeistert: »Auf dieses Opus stolz zu sein, habe ich nicht den geringsten Grund. Auch wenn manch ein Kapitel, manch ein Abschnitt mir erträglich scheint, erröte ich nicht selten, wenn ich heute in diesem Buch blättere.« Es sei »eine ziemlich schludrige Arbeit«, die allzu deutlich erkennen lasse, »welche verheerende Doktrin auf den Autor Einfluß ausgeübt hat – der sozialistische Realismus. Jawohl, meine Literaturkritik war bis etwa 1955 von der marxistischen und gewiß auch vulgärmarxistischen Literaturtheorie geprägt.« (*ML* 359) Als er 1951 als Literaturkritiker zu schreiben begann, sei er außerdem Anfänger gewesen. Und in Polen seien noch dazu seine Bemühungen um jene Bücher, die nur im Westen verlegt wurden, zum Beispiel die von Franz Kafka oder Robert Musil, vergeblich geblieben. Schon 1955 hatte er erklärt: »Es war nicht meine Absicht, eine ausführliche Darstellung des ganzen reichen deutschen Schrifttums dieser Jahre zu schreiben, sondern – in den Grenzen des Möglichen – Arbeiten der Schriftsteller zu behandeln, deren Werke in der Volksrepublik Polen erschienen sind.«

1955 veröffentlichte eine der beiden wichtigsten Literaturzeitschriften der DDR, die *Neue Deutsche Literatur*, einen Aufsatz mit dem Titel »Probleme des deutschen Gegenwartsromans«. Sie stellte den Autor einleitend so vor: »Der Verfasser dieses Beitrages ist ein bekannter polnischer Literaturkritiker, der seit langem dem Schaffen der deutschen Schriftsteller große Aufmerksamkeit widmet. Sein Aufsatz ist in der Zeitschrift *Twórczość*, unserem polnischen Schwesterorgan, erschienen.« Von Marceli Ranicki war in der DDR bereits im Frühjahr 1953 ein aus dem Polnischen übersetzter Artikel erschienen, in *Sinn und Form*, sein erster in deutscher Sprache. Beide befassten sich mit Autoren, die in der Zeit des Nationalsozialismus im Exil gelebt hatten, nach Kriegsende nach Deutschland zurückkehrten und in der »Sowjetischen Besatzungszone« weiterschrieben: mit Erich Weinert, Bodo Uhse, Willi Bredel und mit Anna Seghers. In beiden Artikeln zeigt sich der Kritiker noch demonstrativ dem

Sozialismus verbunden, aber beide lassen zugleich erkennen, was für ihn zeitlebens typisch blieb: Seine Sympathiebekundungen sind ohne Vorbehalte nicht zu haben.

Der erste Artikel führte zu einem Eklat. Dem Dichter und damaligen Kulturminister Johannes R. Becher hatte der Kritiker beiläufig vorgehalten, dass es ihm, ähnlich wie Bertolt Brecht oder Ernst Toller und anders als dem eben gestorbenen Erich Weinert, nicht gelungen sei, sich in seiner Jugend »der Versuchung des Expressionismus zu widersetzen«, der »so fatal auf die damals entstehende deutsche revolutionäre Dichtung einwirkte« und der Arbeiterklasse unverständlich blieb. Diese negative Einschätzung des Expressionismus entsprach zwar der des in der DDR hoch angesehenen marxistischen Literaturtheoretikers Georg Lukács, aber Becher reagierte empört und warf dem Herausgeber der Zeitschrift vor: »Ihr benutzt einen toten Genossen, um einen lebenden zu beschmutzen.« In dem Aufsatz von 1955 allerdings wird Becher persönlich von Marceli Ranicki hoch gelobt, vorbehaltloser noch als jedes der rezensierten Bücher. Aber auch hier verschont er die in der DDR betriebene Kulturpolitik nicht mit Vorwürfen. Dass die besprochenen Bücher die in Bodo Uhse, Willi Bredel und Anna Seghers gesetzten Hoffnungen nicht ganz erfüllt haben, schreibt der Kritiker nicht zuletzt den negativen Wirkungen der damaligen Kulturpolitik zu: »Einen gewissen Einfluß darauf haben zweifellos die Fehler ausgeübt, die in der Kulturpolitik der Deutschen Demokratischen Republik in den vergangenen Jahren gemacht worden sind. […] Man unterschätzte die Fragen der Form und ging an die Problematik des sozialistischen Realismus engherzig und sektiererisch heran.«

In einer polnischen Zeitschrift erschien 1957 Marceli

Ranickis erste Rezension zu einem Roman von Heinrich Böll (*Und sagte kein einziges Wort*) und fast zeitgleich eine Besprechung zu Wolfgang Koeppens *Tod in Rom*. Sie sind Beispiele für Wandlungen und Interessenverschiebungen in der Karriere des jungen Literaturkritikers. Die »Problematik des sozialistischen Realismus« und der kommunistischen Kulturpolitik in Polen oder in der DDR verliert an Bedeutung, das Interesse vor allem an Autorinnen und Autoren, die schon vor 1945 einer breiteren Öffentlichkeit bekannt waren, die ihre literarische Laufbahn nach Kriegsende in Deutschland fortsetzten und die in der DDR publizierten, bleibt zwar erhalten, aber neu hinzu kommt die intensive Beschäftigung mit einer jüngeren Generation von Autoren in *beiden* Teilen Deutschlands, deren literarische Karriere erst nach 1945 begann.

Eine der letzten Rezensionen Marceli Ranickis in polnischer Sprache, 1958 erschienen in der Zeitschrift *Twórczość*, bespricht unter dem Titel »Neue deutsche Prosa« die Romane *Sansibar* von Alfred Andersch und *Der Mann im Strom* von Siegfried Lenz. Kurz vorher veröffentlichte Marceli Ranicki in der Warschauer Zeitschrift *Politika* eine Besprechung zu Max Frischs *Homo faber*. Schon in Polen prägte sich sein Interesse an Autoren aus, deren literarische Entwicklung er dann über Jahrzehnte hinweg kritisch begleitete – mit Lobreden und Verrissen, Hoffnungen und Enttäuschungen und zuletzt in vielen Fällen mit einem Nachruf.

Erst drei Jahre nach Aufhebung des Schreibverbotes, am 22. Februar 1957, nahm man ihn wieder in die Partei auf. Am 18. März, so verzeichnet es die Parteiakte, wurde ihm eine Kopie des Beschlusses mit der Post zugestellt. Reich-Ranicki bestritt später, die Mitteilung je erhalten oder von ihr ge-

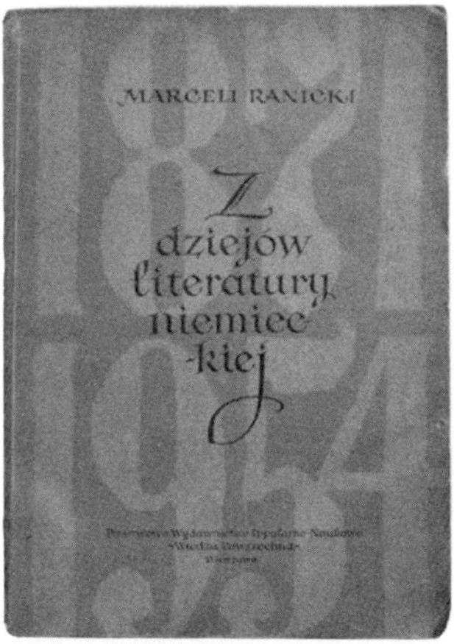

Abb. 19: Buchumschlag, 1955

Abb. 20: 1958 im Warschauer Arbeitszimmer

Abb. 21: Familienbild von 1957 in Warschau – ein Jahr vor der Ausreise

Abb. 22: Treffen der »Gruppe 47« in Saulgau, 1963. Lesung von Erich Fried

Abb. 23: 1963 in der Hamburger Wohnung

Abb. 24: Verleihung der Ehrendoktorwürde in Uppsala, 1972

wusst zu haben. Schon 1956 wurde der »Eiserne Vorhang« zwischen Ost und West durchlässiger. Man durfte wieder reisen, zunächst allerdings bloß innerhalb des Ostblocks, erst später auch in den Westen. Als Kritiker hatte Reich-Ranicki in Polen nicht annähernd die Bedeutung wie später in Deutschland. Dafür gibt er eine einfache Erklärung: »Ich habe in Polen ausschließlich über deutsche Literatur geschrieben, das heißt, über eine Literatur, von der die allermeisten Polen nichts wissen wollten.« (*KB* 71) Umso wichtiger wurden ihm Kontakte zu Deutschland.

1957 konnte Ranicki zunächst nach Österreich und dann in die Bundesrepublik reisen. In Hamburg traf er Siegfried Lenz. Aus der Begegnung wurde eine lebenslange Freundschaft. In Köln sprach er mit Heinrich Böll, in Frankfurt begegnete er Siegfried Unseld und Joachim Kaiser, in München Wolfgang Koeppen und Hans Werner Richter. »Im Zug, in dem ich kurz vor Weihnachten 1957 nach Warschau zurückkehrte, wußte ich endgültig: Ich mußte alles tun, was in meiner Macht war, um Polen und die kommunistische Welt zu verlassen.« (*ML* 380)

In Polen, wo die antisemitischen Stimmungen in dieser Zeit stark zunahmen, bereiteten viele Juden ihre Auswanderung vor. Die meisten wollten nach Israel. Für Ranicki gab es nur ein Ziel: die Bundesrepublik Deutschland. Der Abschied von Warschau fiel nicht leicht. »Beinahe zwanzig Jahre habe ich hier unendlich viel erlebt und ertragen, gelitten und geliebt.« (*ML* 390) Größer war jedoch die Angst, der Ausreiseplan könnte misslingen. Hinzu kam die Angst vor der ungewissen Zukunft.

Teofila flog mit dem Sohn nach London, als Marceli Ranicki den Auslandspass für eine Reise in die Bundesrepublik erhalten hatte. Der Pass galt für eine einmalige Reise nach Deutschland und für einen Aufenthalt von drei Monaten. Das Gepäck bestand aus ein paar Kleidungsstücken, einer Aktentasche mit allen Artikeln, die er in Polen publiziert hatte, einigen Büchern und einer alten Schreibmaschine. Geld hatte er fast keines dabei. Mehr als zwanzig deutsche Mark ließ die Devisenabteilung der polnischen Nationalbank nicht zu.

Als Ranicki am 21. Juli 1958 den Hauptbahnhof Frankfurt erreichte, begann ein neues Kapitel seines Lebens. Er führte es unter einem neuen Namen: Reich-Ranicki. Der Feuilletonchef der *Frankfurter Allgemeinen*, Hans Schwab-Felisch, hat ihn mit angeregt.

> Ich hätte in Polen, teilte ich ihm mit, mich stets des Pseudonyms »Ranicki« bedient, doch mein wirklicher Name sei »Reich«. Wie ich jetzt meine Beiträge zeichnen solle? Er reagierte prompt: »Machen Sie es wie ich, nehmen Sie einen Doppelnamen, aber unbedingt erst den einsilbigen, dann den anderen – schon aus rhythmischen Gründen.« Das leuchtete ein, ich zögerte nicht: »Einverstanden, schreiben Sie: Marcel Reich-Ranicki.« (*ML* 396)

Völlig neu war der Doppelname aber nicht, doch er scheint selten verwendet worden zu sein. Belegt ist er schon in einem polnischen Archiv-Dokument von 1950, in dem Auskunft über die »Genossen: 1/ Reich-Ranicki Marceli – England 2/ Reich-Ranicka – England« erbeten wird. (*Der Spiegel* 18. 7. 1994, S. 142)

Ranicki hatte zu seinem Antrittsbesuch bei der *Frankfurter Allgemeinen* ein Manuskript mitgebracht, einen Aufsatz aus Anlass des neuen Buches des in Polen renommierten Jarosław Iwaszkiewicz. Schwab-Felisch las es sofort und versprach, den Artikel noch in derselben Woche zu publizieren. Das war ein gelungener Start zu einer Kritikerkarriere, wie sie sich Ranicki erhofft hatte und wie sie eindrucksvoller und schneller kaum hätte verlaufen können. Im September 1958 erschien als Aufmacher der Messebeilage der *Frankfurter Allgemeinen* Reich-Ranickis Rezension zu Arnold Zweigs Roman *Die Zeit ist reif.* In den folgenden Monaten schrieb er für die *FAZ* acht weitere Buchbesprechungen, die alle sofort ungekürzt gedruckt wurden. Gleichzeitig schrieb er für die neben der *FAZ* damals wichtigste westdeutsche Tageszeitung *Die Welt.* Drei Jahre lang verfasste er für sie Rezensionen, Glossen und Aufsätze.

IN DER »GRUPPE 47«

Im Herbst 1958 wurde Marcel Reich-Ranicki von Hans Werner Richter zur Jahrestagung der »Gruppe 47« in Großholzleute im Allgäu eingeladen. Am 15. November erschien in der Münchner Zeitschrift *Die Kultur* sein Bericht dazu – der erste einer kontinuierlichen Serie, die bis hin zur vorläufig letzten Tagung im Oktober 1967 und zu einem zehn Jahre später inszenierten »Abschiedstreffen« reichte. Die Zugehörigkeit zur »Gruppe 47« wurde ein markanter Bestandteil von Reich-Ranickis Profil als Literaturkritiker. Und die in der Gruppe kultivierte Form der mündlichen Diskussion über Literatur mit ihren Spielregeln prägte ihn bei seinen frühen Auftritten im Rundfunk als Moderator der Sendung »Das literarische Kaffeehaus«, von 1977 bis 1986 noch deutlicher in seiner Rolle beim Wettbewerb um den Ingeborg-Bachmann-Preis und von 1988 bis 2001 seine Präsenz im Fernsehen als Protagonist im »Literarischen Quartett«.

Die Bedeutung der Gruppe für Reich-Ranicki lässt sich nicht zuletzt an seiner Autobiografie *Mein Leben* ablesen, und hier nicht nur in dem Kapitel »Die ›Gruppe 47‹ und ihre First Lady« (*ML* 404-417), das auf den letzten Seiten von Ingeborg Bachmann handelt. Als Hans Werner Richter 1959 die Einladung an ihn zum nächsten Gruppen-Treffen wiederholte, sah Reich-Ranicki sich von der Gruppe akzeptiert und in sie integriert. Richters Brief mit der Einladung »überraschte« ihn, er fühlte sich »beeindruckt, beinahe beglückt«. Bei der Tagung im Jahr davor »kümmerte sich niemand um mich. Die meisten Teilnehmer [...] waren miteinander beschäftigt. An einem Besucher aus Warschau war also kaum jemand interessiert.« (*ML* 404) Nun stand in dem Brief vom 4. September 1959: »Sie müssen auf jeden Fall kommen, denn ich kann Sie als Kritiker nicht mehr entbehren. Es wird Ihnen wahrscheinlich nicht entgangen sein, dass Sie einen neuen Ton in die Diskussion getragen haben, bei aller Schärfe ein Ton echter und nicht angenommener Toleranz, und genau dieser Ton ist es, den die Gruppe braucht. Darf ich deshalb mit Ihrer baldigen Zusage rechnen?« (*LM* 323) In *Mein Leben* schildert Marcel Reich-Ranicki die beglückte Reaktion des Flüchtlings aus Polen auf der Suche nach Integration in der Bundesrepublik Deutschland: »Ich fühlte mich in dieser deutschen Schriftsteller-Gruppe alles in allem ganz gut und jedenfalls nicht fremd. Und nun hatte ich noch von Richter erfahren, daß mich die ›Gruppe 47‹ akzeptiert hatte. So verstand ich seinen Brief. Kaum mehr als ein Jahr wieder in Deutschland ansässig, war ich nach wie vor einsam, aber immerhin wußte ich schon, wo ich hingehörte. Ich glaubte eine Art Zuflucht gefunden zu haben.« (*ML* 409) Dass er »seit der Tagung im Herbst 1959« die »Gruppe 47« »fast schon als eine Art Heimat empfand«, hatte auch mit »einem Teilnehmer zu tun«, den er »damals zum ersten Mal sah«. (*ML* 418) Gemeint ist sein dann über viele Jahre hinweg enger Freund Walter Jens.

Doch rückblickend schränkt er sogleich ein: »Freilich hatte ich, um es gleich zu sagen, meine Situation verkannt: Viele Jahre später mußte ich mich davon überzeugen, daß der Wunsch der Vater meiner Gefühle und Gedanken gewesen war.« (*ML* 409) Uwe Wittstock weist in seiner Biografie auf Hans Werner Richters 1961 unternommenen Versuch hin, Reich-Ranicki wieder aus der Gruppe »herauszudrängen« und zitiert ausführlich (S. 175) einen Brief Richters vom 26. September 1961 an Siegfried Lenz: »Nun aber hat sich gegen Ranicki eine starke Opposition innerhalb der Gruppe 47 gebildet. Sie geht vorwiegend aus von Eich, Aichinger und Hildesheimer, aber inzwischen haben sich auch andere angeschlossen.« Der von diesen angegebene Grund sei: »Die Kritik wird allzu akademisch, offiziell, hat innerhalb der Gruppe ein Eigenleben und dient nicht dem Autor, sondern schadet ihm. Das, was dort gesagt wird, eben von jenen Berufskritikern, könne man auch in den Zeitungen lesen, und damit hätte die Gruppe ihre eigentlich ursprüngliche Aufgabe verfehlt, nämlich das kritische Gespräch unter Autoren.« Das jährliche Gruppen-Treffen war in der Tat zu einem Musterbeispiel des modernen ›Literaturbetriebs‹ geworden, zu dem eben nicht nur Autoren, sondern auch Verlage und andere literaturvermittelnde Institutionen gehören, nicht zuletzt die professionelle Literaturkritik.

Vor allem Siegfried Lenz war es zu verdanken, dass Reich-Ranicki zum nächsten Gruppen-Treffen doch wieder eingeladen wurde. Aber die 1986 erschienenen Erinnerungen Hans Werner Richters vermittelten ein Bild, das Reich-Ranickis Zugehörigkeitsgefühl nachträglich desillusionierte: »Ich lud ihn wieder ein und immer wieder, doch er blieb irgendwie ein Außenseiter, einer, der dazugehörte und doch nicht ganz dazugehörte. Ich kann nicht erklären, warum das so war oder warum ich es so empfunden habe.« (zitiert in *ML* 410) Antisemitische Ressentiments hat Reich-Ranicki in der Gruppe nicht wahrgenommen. Unterstellungen, dass die Gruppe antisemitisch gewesen sei, wie sie Klaus Briegleb in seinem 2002 erschienenen Buch *Missachtung und Tabu. Eine Streitschrift zur Frage: »Wie antisemitisch war die Gruppe 47?«* nicht zum ersten Mal verbreitete, wies Reich-Ranicki 2003, als er dazu befragt wurde, ausdrücklich zurück, nannte allerdings schon in seiner Autobiografie Richters Verhältnis zu Juden »befangen und verkrampft«. Die Ressentiments ihm gegenüber galten jedoch vor allem dem Kritiker, der sogar die von ihm persönlich und literarisch geschätzten Autoren und Autorinnen mit negativen Urteilen nicht verschonte.

Spannungslos oder gar harmonisch waren die Beziehungen zwischen denen, die sich da im Herbst immer wieder trafen, auch sonst nicht. Reich-Ranickis abschließender Bericht zur Tagung in der Pulvermühle im Oktober 1967, von der man damals noch nicht wusste, dass es, von dem Abschiedstreffen zehn Jahre später abgesehen, die letzte sein würde, endet mit den Sätzen: »Mögen die internen Spannungen immer schon charakteristisch für die Gruppe 47 gewesen sein – daß sie diesmal besonders stark spürbar wurden, läßt sich nicht verheimlichen. Politische, literarische und auch persönliche Antagonismen prallten offen aufeinander, Richter hatte große Mühe, das Ganze über die Runden zu bringen. Es ist ihm gelungen, wir haben ihm dafür zu danken. Noch gibt es die Gruppe 47. Aber ihre Tagungen muten ein wenig anachronistisch an.« (*G* 47, 72)

Um welche politischen Spannungen es ging, wird in beiden Berichten, die Reich-Ranicki dazu in der *Zeit* veröffentlichte, erstaunlich vage und beiläufig angesprochen. In Opposition zur restaurativen Atmosphäre der Adenauer-Zeit, zur kollektiven Verdrängung der nationalsozialistischen Vergangenheit, zur Wiederbewaffnung und zur biedermeierlichen Selbstzufriedenheit angesichts des Wirtschaftswunders hatte die Gruppe die Aura des Unangepassten, auch Weltläufigen zu evozieren vermocht. Der »Aufruf zum Mißtrauen«, mit dem die später in der Gruppe hoch angesehene Erzählerin, Lyrikerin und Hörspielautorin Ilse Aichinger 1946 erstmals in die Öffentlichkeit trat und vor einer neuen gefährlichen Selbstsicherheit warnte, war dafür ebenso kennzeichnend wie der vielzitierte Appell in der Druckfassung von Günter Eichs Hörspiel *Träume*: »Seid unbequem, seid Sand, nicht das Öl im Getriebe der Welt.« Der Satz entsprach auch dem Selbstverständnis Heinrich Bölls, der 1972 nach dem Erscheinen seines Romans *Gruppenbild mit Dame* den Nobelpreis für Literatur erhielt. Seine Karriere begann, als er 1951 mit dem Preis der Gruppe ausgezeichnet wurde. Er war einer ihrer Gründungsmitglieder und über Jahre hinweg die zentrale Figur in ihr. Weltruhm erlangte neben ihm vor allem Günter Grass, seit 1999 der zweite Nobelpreisträger aus der Gruppe 47. 1958 war er es, der für die Lesung aus dem Manuskript seines ersten Romans, *Die Blech-*

trommel, den Preis der »Gruppe 47« erhielt. Die fiktive Autobiografie der fantastisch-grotesken Kunstfigur Oskar Matzerath verstand sich nicht zuletzt als erneuter Appell gegen das Vergessen der Nazi-Zeit.

Das intellektuelle Image der »Gruppe 47« war freilich schon in den sechziger Jahren in Misskredit geraten. Die Politisierung der literarischen Intelligenz hatte entscheidenden Anteil an dem Zerfall der Gruppe, deren Mitglieder über die Gegensätze ›reiner‹ oder ›engagierter‹ Literatur oft debattiert und in der Mehrzahl großen Wert auf ästhetische Autonomie gelegt hatten. Die studentischen Protestdemonstrationen gegen den Vietnamkrieg und die Springer-Presse, gegen Kapitalismus und Imperialismus, gegen Militarismus und Verdrängung der NS-Zeit, gegen die autoritären Strukturen in Hochschule und Gesellschaft wurden 1967 und 1968 zu Medienereignissen mit einer öffentlichen Wirksamkeit, vor der die Einflüsse einer noch so engagierten Literatur schwach und harmlos erschienen. Im berühmt-berüchtigten *Kursbuch* 15 erklärte Karl Markus Michel, dass »die als Hort aller Unzufriedenheit, als Born der Zersetzung verschrieene Gruppe 47 nicht einmal ein Papiertiger ist, sondern ein Schoßhund«.

Diese Kritik hatte sich bereits lautstark während der Gruppen-Tagung im Herbst 1967 bemerkbar gemacht. Liest man die beiden Berichte Reich-Ranickis in der *Zeit* dazu, so fällt auf, dass dort die politischen Proteste gegen die Gruppe fast völlig unbeachtet bleiben. In *Mein Leben* hat Reich-Ranicki das später als »Fehler« bezeichnet: »Daß mir dabei ein großer Fehler unterlaufen war, habe ich erst viel später begriffen: Denn mit keinem einzigen Wort war ich auf die Demonstration der Studenten eingegangen.« (*ML* 465) In der Autobiografie hat er das dann nachgeholt – und sich dabei zu einer Position bekannt, die sich bei aller Sympathie mit den politischen Impulsen der damaligen Studentenbewegung gegenüber einer Politisierung der Literatur skeptisch zeigt. Die »Gruppe 47« blieb für ihn eine Institution des literarischen Lebens, die, so seine Bilanz im November 1978, »einen außerordentlich starken und alles in allem segensreichen Einfluß auf die deutschsprachige Literatur der Gegenwart ausgeübt« hat. (*FAZ*, 11. 11. 1978) Reich-Ranicki war ein Teil davon und die Gruppe war ein Teil seiner Identität. Er hat mit ihr und in ihr Literaturgeschichte geschrieben – und zugleich über sie oft so berichtet, als er habe er nicht dazugehört.

DER KRITIKER IN HAMBURG

Die Zugehörigkeit zur »Gruppe 47« erhöhte das Gewicht, das Reich-Ranicki als Literaturkritiker im literarischen Leben der Bundesrepublik erhielt. Seine publizistische Produktivität war bemerkenswert. Innerhalb der ersten sechs Monate in der Bundesrepublik publizierte er achtunddreißig Aufsätze, davon fünfzehn für *Die Welt* und die *Frankfurter Allgemeine*, die anderen für diverse Rundfunksender. Die Kontakte zu ihnen verdankte er nicht zuletzt Siegfried Lenz.

Für den Rundfunk hatte Reich-Ranicki schon in Polen gearbeitet. Für den Rundfunk arbeitete er nun auch in der Bundesrepublik, allerdings nur aus einem Grund: Hier wurden erheblich höhere Honorare gezahlt, und auf diese war er dringend angewiesen. Die Arbeit für dieses Medium hat Reich-Ranicki jedoch stets abgewertet. Dass die literaturkritischen Texte hier nur gehört und nicht gründlich gelesen werden, verleite dazu, weniger sorgfältig zu schreiben. Jedenfalls hätten seine gedruckten Aufsätze ein deutlich höheres Niveau als die Funktexte.

Wie später das Fernsehen erwies sich der Hörfunk allerdings in solchen Sendeformen als ein auf Reich-Ranickis Qualitäten zugeschnittenes Medium, in denen es die Lebendigkeit improvisierter Mündlichkeit zur Geltung brachte. 1964 bekam Reich-Ranicki das Angebot, zusammen mit dem Literaturwissenschaftler Hans Mayer die Rundfunksendung »Das literarische Kaffeehaus« zu moderieren. In der Regel wurde die Sendung live aus dem bereits bei Gottfried Benn in seiner gleichnamigen Erzählung zu literarischen Ehren gekommenen »Weinhaus Wolf« in Hannover übertragen und lief über mehrere Sender. Einige Folgen wurden sogar für das Fernsehen produziert. Zu den durchweg prominenten Gästen des »Literarischen Kaffeehauses« zählten unter anderem Theodor W. Adorno, Ernst Bloch, Heinrich Böll, Friedrich Dürrenmatt, Max Frisch, Günter Grass und Martin Walser. Man sprach mit jeweils einem Gast ausführlich über Literatur und Kultur, aber auch über tagesaktuelle Themen. Die damals recht populäre Sendung lief bis 1967. Bereits das »Kaffeehaus« endete mit jenem Zitat aus Brechts *Der gute Mensch von Sezuan*, das auch zum rituellen Schlusswort des »Literarischen Quartetts« werden sollte: »Und wieder sehen wir betroffen, den Vorhang zu und alle Fragen offen.«

Die Domäne des Kritikers blieb jedoch noch viele Jahre lang die Zeitung. 1959 erschienen in der *Welt* vierzehn Portraits über Schriftsteller aus der DDR: Arnold Zweig, Anna Seghers, Ludwig Renn, Peter Huchel, Stefan Hermlin, Franz

Fühmann und etliche andere. Die meisten von ihnen kannte man im Westen nicht. Das war in einer Zeit, als man in der Bundesrepublik die Bezeichnung »DDR« kaum verwenden durfte. Die Serie erschien deshalb unter dem Kompromisstitel »Deutsche Schriftsteller, die jenseits der Elbe leben«. In der *Frankfurter Allgemeinen* hat man Reich-Ranicki diese Serie dennoch verübelt. Die Zeitung, deren Literaturteil von Friedrich Sieburg geleitet wurde, kündigte ihm die Mitarbeit auf.

Ein Motiv, weiter in Frankfurt zu wohnen, entfiel damit. Reich-Ranicki zog mit seiner Familie nach Hamburg. Dort waren *Die Welt* und der Norddeutsche Rundfunk. Und hier erschien auch *Die Zeit*, die damals vor allem mit ihrem Feuilleton eine Art intellektuelles Forum der Bundesrepublik war. Das Feuilleton dieser Zeitung bot Reich-Ranicki im Herbst 1959 eine regelmäßige Zusammenarbeit an. Seine erste Rezension dort erschien am 1. Januar 1960 – zu Günter Grass' *Die Blechtrommel*. Für die Literaturkritik der *Zeit* wurden die Artikel von Reich-Ranicki rasch zu einem Markenzeichen. Anfang 1963 wurde er fest angestellt, mit einem regelmäßigen Monatsgehalt, mit Altersversorgung und Krankenversicherung. Redaktionelle Pflichten hatte er nicht. Reich-Ranicki war damals wohl der einzige Kritiker der Bundesrepublik, der nur für das Schreiben angestellt war.

Unter diesen Bedingungen konnte er sich frei entfalten. Als Kritiker der *Zeit* wurde er dann auch berühmt. Hinter dem Glanz seiner öffentlichen Triumphe verbarg sich freilich ein Alltag, den er selbst als ziemlich trist erlebte. Der Wunschtraum seiner Jugend, in Deutschland als Kritiker der deutschen Literatur zu arbeiten, hatte sich verwirklicht. Doch sein Arbeitsleben war durch ein hohes Maß an Isolation geprägt. Es fehlte ihm die Integration in eine Institution und in die täglichen sozialen Beziehungen, die sie hätte bieten können. Die Redaktion der *Zeit* hielt ihn von sich fern. In den vierzehn Jahren seiner festen Mitarbeit nahm er an keiner Konferenz teil. Er hatte zwar eine Heimstätte für seine Arbeit gefunden, nicht jedoch für seine Person.

Reich-Ranickis Erinnerungen an seine Zeit in Hamburg schwanken stark zwischen Glücks- und Unglücksgefühlen. In dem 1986 mit Paul Assall geführten Gespräch überwiegt das Positive:

> Ich habe mich bei der *Zeit*, wo ich nicht in der Redaktion, aber als ständiger Kritiker fest angestellt war, sehr wohlgefühlt. Es war damals und ist ja auch heute im Großen und Ganzen ein sehr liberales Organ, und die Freiheit des Kritikers war groß. Ich konnte über die Bücher schreiben, über die ich schreiben wollte, und ich hatte niemals irgendwelche Schwierigkeiten. Ich fühlte mich in dem Blatt sehr wohl. [...]
>
> Ich habe bei der *Zeit* ja nicht in der Redaktion gearbeitet, sondern zu Hause, und Kritiken geliefert – in mancherlei Hinsicht ein idealer Posten. Frei von administrativen oder redaktionellen Pflichten, konnte ich mich ganz der Literatur hingeben und mit der Literatur beschäftigen. Dennoch war ich nicht mehr ganz glücklich, denn zwar schrieb ich sehr viel, aber diese Einsamkeit im Arbeitszimmer, diese Isolation ging mir ein bisschen auf die Nerven, und da war mir der Vorschlag der *FAZ*, zur *FAZ* zu kommen und dort in der Redaktion zu arbeiten, den Literaturteil zu übernehmen, sehr willkommen. Aber ich bin keineswegs etwa im Zorn von der *Zeit* geschieden – davon kann gar keine Rede sein. Ich bin mit manch einem von der Redaktion der *Zeit* bis heute befreundet.

In *Mein Leben* sind die Erinnerungen deutlich negativer:

> Ich wurde ausgegrenzt, ich fühlte mich ausgeschlossen – und je länger und erfolgreicher ich für die *Zeit* schrieb, desto mehr steigerte sich dieses Gefühl. Ich saß isoliert und vereinsamt in unserer kleinen Wohnung im Hamburger Vorort Niendorf und produzierte ein Manuskript nach dem anderen. Große Teile meiner in den sechziger und siebziger Jahren erschienenen Bücher [...] sind auf diese Weise entstanden. Aber mein Kontakt mit der Welt ging nur selten über Telefongespräche hinaus. (*ML* 468)

Die Isolation wurde allerdings gemildert durch Vorträge und Gastdozenturen an Universitäten. 1968 lehrte er ein Semester lang deutsche Literatur an der Washington University in Saint Louis. Von 1971 bis 1975 war er wiederholt als Gastprofessor für neuere deutsche Literatur an den Universitäten von Stockholm und Uppsala tätig. In Uppsala erhielt er 1972 die erste Auszeichnung in seiner Kritikerkarriere: die Ehrendoktorwürde der Universität.

Bei allen Erfolgen in der Bundesrepublik wertete er die Tatsache, dass diese Ehrung nicht von einer deutschen, sondern von einer schwedischen Universität an ihn verliehen wurde, als Zeichen dafür, dass die Anerkennung in der Bundesrepublik nach wie vor von starken Vorbehalten begleitet war. Dem »Literaturpapst« der Republik, wie er mittlerweile in einer Mischung aus Respekt und Spott genannt wurde, bot keine Institution einen Platz in ihrem Hause an. 1996 erfuhr er, dass man sich in der *Zeit* sehr wohl Gedanken darüber gemacht hatte, ob man ihn in der Redaktion beschäftigen wolle. Die Redakteure des Feuilletons hatten jedoch erhebliche Bedenken, ob sie »einen so machtbewußten rabulistischen Mann aushalten würden«. So stand es wörtlich in einer Festschrift zum 50-jährigen Jubiläum der Zeitung. Die Vokabel »Rabulistik« interpretiert Reich-Ranicki in seiner Autobiografie als Symptom. Deren antisemitische Tradition veranlasste ihn zu der Überlegung, ob es nicht ein latenter Antisemitismus war, der ihn aus der Redaktion der *Zeit* ausschloss. 1973 wurde dort die frei gewordene Stelle des »Literaturchefs« mit einem anderen besetzt. Reich-Ranicki kündigte im selben Jahr die Zusammenarbeit mit der *Zeit* auf. Er hatte den Vertrag für eine neue Tätigkeit unterschrieben. Er wurde Leiter des Literaturteils der *Frankfurter Allgemeinen*.

»LITERATURCHEF« IN FRANKFURT

Die fünfzehn Jahre währende Zeit als »Literaturchef« der *Frankfurter Allgemeinen* war, so bekannte Reich-Ranicki einmal, die schönste seines Lebens. »Ich konnte machen, was ich wollte, ich war da, wo ich hinwollte.« (*WL* 291) Er verdankte sie Joachim Fest. Ihn hatte er 1966 kennengelernt und sich mit ihm befreundet. Die sehr unterschiedlich gearteten Persönlichkeiten hatten bei allen Gegensätzen, die sie aneinanderbanden, vor allem eines gemeinsam: Beide bewunderten Thomas Mann.

Joachim Fest war damals im Norddeutschen Rundfunk für das Fernsehmagazin »Panorama« verantwortlich. Anfang der siebziger Jahre schrieb er an seiner bedeutenden Hitler-Biografie. Noch vor ihrem Erscheinen erhielt er das Angebot, Mitherausgeber der *Frankfurter Allgemeinen* zu werden und den Kulturteil dieser Zeitung zu betreuen. Fest seinerseits bot dem Freund an, die Leitung der Literaturredaktion zu übernehmen. Reich-Ranicki stimmte zu, und erfüllt wurde sein Wunsch, das Kulturressort in zwei Bereiche mit gleichberechtigten Chefs aufzuteilen. Das allgemeine Feuilleton leitete Günter Rühle, die Bereiche Literatur und literarisches Leben er selbst. Karl Heinz Bohrer, der für die Literaturkritik bis dahin zuständige Redakteur, wurde von redaktionellen Verpflichtungen freigestellt und bald als Korrespondent nach London versetzt. Gegen etliche Widerstände war es Joachim Fest gelungen, dieses Arrangement bei der Zeitung durchzusetzen.

Für Reich-Ranicki erfüllte sich ein Lebenstraum: »Rund fünfzehn Jahre nach meiner Rückkehr hatte ich endlich einen Posten im literarischen Leben Deutschlands und vielleicht den wichtigsten.« (*ML* 480) Gegenüber seinem Vorgänger Bohrer profilierte sich der neue Literaturchef, der von der Redaktion nicht eben freundlich empfangen wurde, durch einen literaturkritischen und redaktionellen Stil, der betont publikumsnah war. Der einst von Friedrich Sieburg geleitete Literaturteil hatte, so Reich-Ranickis Einschätzung, »längst seine Qualität eingebüßt«. Er war »mit dem Rücken zum Publikum redigiert« worden. (*ML* 479) »Was ich schon vorher gewußt hatte, bestätigte mir die Lektüre der übrigens nicht zahlreichen Manuskripte, die mein Vorgänger mir hinterlassen hatte: Die meisten waren umständlich und langatmig geschrieben, sie stammten zu großen Teilen von Rezensenten, denen allem Anschein nach nicht das mindeste daran gelegen war, von den Lesern verstanden zu werden.« (*ML* 484)

Mit dem Literaturchef wechselten die Mitarbeiter. Ihnen verlangte Reich-Ranicki eine Fähigkeit ab, die ihm wichtiger war als intellektuelle Brillanz: das Vermögen, gut zu schreiben. Mit einigem Erfolg bemühte er sich, renommierte Schriftsteller als Rezensenten zu gewinnen. Ihr individueller Stil sollte den Literaturteil farbiger und lebendiger machen. Gegenüber Schriftstellern, die sich gelegentlich als Literaturkritiker betätigten, hatte Reich-Ranicki Vorbehalte. Er hielt ihnen wiederholt ihre Befangenheit gegenüber Kollegen und Konkurrenten vor und ihre Neigung, sich zu Gefälligkeitsbesprechungen hinreißen zu lassen. Er nahm diese Schwächen in Kauf und versuchte, sie in Grenzen zu halten.

Probleme anderer Art bereiteten ihm professionelle Literaturwissenschaftler. »Ihre Arbeiten, voll von Fremdwörtern und Fachausdrücken, deren Notwendigkeit in der Regel nicht einleuchtete, waren für die meisten Leser unverständlich. Überdies hatten ihre Manuskripte bisweilen einen penetranten, einen abstoßenden Geruch, den Kreidegeruch der Seminarräume. Diskrete und geduldige Erziehungsarbeit war also nötig.« (*ML* 485 f.) Reich-Ranicki hat sie geleistet. Er hat eine Vielzahl von Hochschulgermanisten, auf deren Fachkompetenz er nicht verzichten wollte, zu Kritikern mit journalistischen Fähigkeiten herangebildet. Die Autobiografie blickt mit einigem Stolz auf das Ergebnis zurück: »Es ist nicht ausgeschlossen, daß die Überwindung der traditionellen, der unseligen Kluft zwischen der deutschen Universitätsgermanistik und der Literaturkritik, vornehmlich der Kritik in der Presse, zum Wichtigsten gehört, was mir in den fünfzehn Jahren in der ›Frankfurter Allgemeinen‹ gelungen ist.« (*ML* 486) Etlichen Literaturwissenschaftlern verhalf die regelmäßige Mitarbeit in der *FAZ* zu einem Renommee, das sie zuvor nicht hatten.

Reich-Ranicki, der sich bislang als Literaturkritiker nur schreibend oder redend profiliert hatte, nahm den neuen Beruf des Redaktionsleiters sehr ernst. Einer seiner ehemaligen Mitarbeiter, Volker Hage, beschrieb die organisatorische Tätigkeit seines Vorgesetzten aus eigener Anschauung so: »Mit ungeheuerem Elan beugte er sich während der fünfzehn Jahre im Amt des FAZ-Literaturleiters über fremde Manuskripte, bestellte Texte, schmeichelte und bedrängte, telefonierte und diktierte. Er war mit Inbrunst Redakteur, er scheuchte Sekretärinnen (›Monika, wo bleiben Sie?‹) und junge Redakteure herum, brillierte und nervte auf Konferenzen, setzte Mitarbeiter unter Termin- und Qualitätsdruck – Musterfall eines väterlich-autoritären Zirkusdirektors, der die Temperamente zusammenholte, einige wieder verstieß und abstieß, andere lockte und überredete, in einem Blatt zu schreiben, das ihrer politischen Couleur gewiß nicht entsprach.« (*MRR* 89 f.) Dieser Redaktionsleiter kümmerte sich buchstäblich um alles selbst. Nahezu jeden Satz, der in dieser Zeitung unter seiner redaktionellen Verantwortlichkeit erschien, hatte er vorher geprüft. Alles, was seine Mitarbeiter redigierten, wurde von ihm noch einmal durchgesehen. Die Formulierungen mussten verständlich und durften nicht zu umständlich sein. Der genialisch-chaotische Habitus seines auch akademisch ambitionierten Vorgängers, der später an der Universität Bielefeld eine Professur erhielt, war ihm fremd.

In der Redaktion gab es keinen Bereich, den Reich-Ranicki seinen jungen Mitarbeitern, von denen einige später leitende Positionen in einflussreichen Literaturredaktionen besetzten, ganz hätte überlassen mögen. Über die Vergabe der zu rezensierenden Bücher entschied letztlich er, auch in dem hartnäckigen Bemühen, Gefälligkeitsrezensionen zu verhindern. Das Layout der Zeitungsseiten, auf denen Artikel aus seinem Ressort erschienen, entwarf er zwar nicht selbst, ließ sich jedoch regelmäßig Entwürfe vorlegen und wählte den, der ihm am meisten zusagte. Sogar Leserbriefe beantwortete er oft persönlich. Und selbstverständlich die Anfragen von Mitarbeitern. Es gab wohl selten eine Kulturredaktion, die intern so gut organisiert war und in den Außenbeziehungen so zuverlässig funktionierte wie die der *Frankfurter Allgemeinen* unter Reich-Ranicki.

Auf dieser soliden Basis entwickelte und realisierte er ständig neue Ideen. Etliche der von ihm initiierten Projekte und Serien sind in die Geschichte des Feuilletons eingegangen.

Zwischen Januar 1981 und August 1982 veröffentlichte die Zeitung unter dem Titel *Meine Schulzeit im Dritten Reich* Erinnerungen namhafter deutscher Schriftsteller und Publizisten. Die Beiträge erschienen auch als Buch; es erreichte viele Auflagen. 1989 wurden in drei Bänden die zuvor in der *FAZ* publizierten Beiträge zu der Serie *Romane von gestern heute gelesen* veröffentlicht. 125 bedeutende deutsche Romane aus der ersten Hälfte des 20. Jahrhunderts werden hier dem prüfenden Blick einer erneuten Lektüre ausgesetzt. Die Serie reicht von Heinrich Manns *Im Schlaraffenland* (1900) bis zu Hermann Brochs *Tod des Vergil* (1945). Die bei weitem ambitionierteste und größte Serie war jedoch die *Frankfurter Anthologie*.

FRANKFURTER ANTHOLOGIE

Seit Juni 1974 erschienen jeden Samstag in der *Frankfurter Allgemeinen* ein deutsches Gedicht und eine kleine Interpretation dazu. Herausgegeben und redigiert wurde diese *Frankfurter Anthologie* von Reich-Ranicki, der sie ins Leben rief, bis zu seinem Tod im Jahr 2013. Die Gedichte und Interpretationen wurden nach ihrer Veröffentlichung in der Zeitung jährlich in Buchform publiziert. Darüber hinaus wurden mehrmals Ausgaben aller Gedichte und Interpretationen verlegt. Und Reich-Ranicki stellte außerdem Auswahlbände zu einzelnen Autoren und Themen zusammen: einen Band zu Goethe, einen anderen zu Brecht, einen dritten zu Rilke und einen weiteren mit hundert Gedichten aus dem 20. Jahrhundert. 1985 gab er den Band *Über die Liebe* heraus, 1998 erschienen 181 Gedichte mit Interpretationen unter dem Titel *Frauen dichten anders*, 2002 kam der Band *Ein Jüngling liebt ein Mädchen*.

So wie viele erfolgreiche Projekte, die Reich-Ranicki initiiert und über einen längeren Zeitraum hinweg realisiert hat, folgte auch die *Frankfurter Anthologie* relativ genau festgelegten Spielregeln: Anders als Lyrik-Rezensionen beziehen sich die Beiträge nicht auf Neuerscheinungen. Das Gedicht kann jeder Epoche deutscher Literaturgeschichte entnommen sein. Um in die *Frankfurter Anthologie* aufgenommen zu werden, muss es von einem Interpreten vorgeschlagen und dieser Vorschlag mit wenigen Sätzen begründet werden. Das Gedicht muss bereits veröffentlicht worden sein und soll möglichst aus einem im Buchhandel erhältlichen Band stammen. Die Interpretation soll nicht im Stil philologischer Abhandlungen geschrieben sein, sondern in essayistischer Form dem breiten Publikum einen anregenden Zugang zum Gedicht eröffnen. Die Interpreten sollen einen möglichst persönlichen Blick auf das Gedicht werfen und ihre Sicht verständlich formulieren. Ansonsten machte Reich-Ranicki den Interpreten nur eine Auflage: Der Umfang sowohl des Gedichtes als auch der Interpretation dürfen ein bestimmtes, vom Platz auf der Zeitungsseite vorgegebenes Maß nicht überschreiten. Das Gedicht darf in der Regel nicht mehr als dreißig Verse, der Kommentar nicht mehr als sechzig Manuskriptzeilen umfassen.

Am 15. Juni 1974 erschien mit Goethes »Um Mitternacht« das erste Gedicht dieser Anthologie. Interpret war Benno von Wiese, einer der damals prominentesten Literaturwissenschaftler. Reich-Ranicki stellte das Unternehmen vor – unter dem Titel »Der Dichtung eine Gasse«:

Die Verse, die wir abdrucken, hat jeweils ein Lyriker, Kritiker oder Literaturhistoriker vorgeschlagen, der seine Entscheidung in einem kurzen Kommentar begründet. Der Leser soll erfahren, warum derjenige, der das Gedicht ausgewählt hat, es für gut hält. So wird dem lyrischen Produkt gleich eine Interpretation, wenn auch eine sehr persönliche, folgen. Aber soll man Verse zerpflücken, darf man es? Hierzu schrieb Brecht: »Wer das Gedicht für unnahbar hält, kommt ihm wirklich nicht nahe. In der Anwendung von Kriterien liegt ein Hauptteil des Genusses. Zerpflücke eine Rose und jedes Blatt ist schön.«

Was unsre ›Frankfurter Anthologie‹ erreichen möchte, mag zwar altmodisch und pathetisch klingen oder donquichottesk anmuten, doch ist es sachlich und nüchtern gemeint. Dieses Ziel lautet: Der Dichtung eine Gasse. (Reich-Ranicki in der *FAZ* vom 15. Juni 1974)

Etwa 2000 Gedichte sind zu Lebzeiten von Reich-Ranicki auf diese Weise vorgestellt worden. Sie stammen von über 350 Dichterinnen und Dichtern, die meisten von Goethe, Brecht und Heine, gefolgt von Rilke, Benn und Hölderlin. Doch auch junge, zum Teil wenig bekannte Autoren sind häufig vertreten. So ist die *Frankfurter Anthologie* nicht nur zu einem historischen Lyrik-Archiv, sondern auch zu einem Forum zeitgenössischer Dichtung geworden.

Bei der Auswahl der Interpreten setzte Reich-Ranicki auf Prominenz, Kompetenz und Schreibfähigkeit. Zu den Mitarbeitern gehörten vor allem Literaturkritiker, Schriftsteller, Journalisten und Literaturwissenschaftler. Im Freiraum der *Frankfurter Anthologie* erschienen Beiträge auch solcher Autoren, die, zuweilen aus politischen Gründen, sonst nicht für diese Zeitung schreiben wollten oder durften, auch von

Redakteuren anderer Zeitungen. Einige Jahre lang verlieh die *FAZ* an Interpreten, deren Beiträge für die *Frankfurter Anthologie* besonders hoch geschätzt wurden und die sich auch sonst um die Vermittlung von Lyrik verdient gemacht hatten, einen Preis. Zu den auf diese Weise Ausgezeichneten gehören Ruth Klüger, Eva Demski, Peter von Matt, Wolfgang Werth, Wulf Segebrecht, Harald Hartung und Walter Hinck.

Die *Frankfurter Anthologie* wurde von prominenter Seite vielfach als eine historische Leistung hoch gelobt. Siegfried Lenz schrieb:

> Die ›Frankfurter Anthologie‹ hat eindrucksvoll erreicht, was sie sich vorgenommen hat: Die bedeutenden Zeugnisse der Poesie in Erinnerung zu bringen und sie, angeregt durch zeitgenössische Interpretationskunst, von neuem lesen zu lernen. Erschließen, um zu bewahren: es ist nichts weniger als eine Einweihung in die Welt der Poesie.

Und der Literaturkritiker Joachim Kaiser:

> Reich-Ranicki hat sich mit der geduldigen Erfindung, Betreuung und Weiterführung dieses lyrischen Museums um die deutsche Sprachkunst verdient gemacht. Allein wegen dieser Bände, die er dem deutschen Geiste abverlangte, müßte ihm eine kleine Unsterblichkeit sicher sein.

Nach dem Tod von Reich-Ranicki wurde die *Frankfurter Anthologie* mit einem zum Teil anderen Konzept zunächst (ab Februar 2014) von Rachel Salamander, seit 2015 von Hubert Spiegel fortgeführt.

In der *Frankfurter Allgemeinen* ließ Joachim Fest, der mit den anderen Herausgebern die politisch konservative Ausrichtung der Zeitung und die Ressentiments gegenüber der linken und linksliberalen Intelligenz in der Bundesrepublik durchaus teilte, dem Literaturredakteur alle Freiheiten. »Kein einziger Artikel, kein einziges Gedicht, keine Meldung, nichts von dem, was meiner Ansicht nach im Blatt gedruckt werden sollte, blieb in diesen fünfzehn Jahren ungedruckt.« (*ML* 496) Innerhalb der Zeitung genoss Reich-Ranicki eine Art Narrenfreiheit. Der Literaturteil entwickelte sich zu einem liberalen Forum, das bei den Herausgebern manchen Ärger erregte, doch toleriert wurde. Mit der Zeitung insgesamt hat sich Reich-Ranicki nie recht identifizieren können. Die großen, redaktionsübergreifenden Konferenzen langweilten ihn. Was in der Zeitung außerhalb des Feuilletons publiziert wurde, ignorierte er fast völlig. »Ich habe die ›Frankfurter Allgemeine‹ damals zwar täglich gelesen, doch kaum mehr als das Feuilleton und bloß in Ausnahmefällen die Leitartikel.« (*ML* 496 f.)

Im literarischen Leben der Bundesrepublik, das in den siebziger und achtziger Jahren von linksliberalen Positionen dominiert war, galt die politische Linie der *Frankfurter Allgemeinen* für die meisten als indiskutabel. Es gab Schriftsteller – unter ihnen Max Frisch – und Intellektuelle, die sich weigerten, für diese Zeitung, auch für ihr Feuilleton, zu schreiben. Reich-Ranicki tat freilich viel, um auch die politische Unabhängigkeit des Literaturteils zu demonstrieren. Ein kleiner Skandal war es, als im Mai 1976 in der *Frankfurter Anthologie* ein Gedicht des zu fünfzehn Jahren

Freiheitsstrafe verurteilten Terroristen Peter Paul Zahl erschien. Die Interpretation dazu lieferte darüber hinaus der damals als radikaler Linker geltende Erich Fried.

Gebilligt wurde das nicht zuletzt deshalb, weil Reich-Ranicki immer wieder deutlich machte, dass er jedem linken Dogmatismus und damit seiner eigenen Vergangenheit abgeschworen hatte. Deutlich sichtbar war auch sein Bemühen, die Arbeiten jener Schriftsteller und Intellektuellen zu honorieren, die sich ähnlich wie er selbst von ihren ehemals kommunistischen oder sozialistischen Positionierungen abgewendet hatten. Peter Rühmkorf notierte am 8. März 1989 in sein Tagebuch: »Er ist ein Renegatenmacher, der versucht, schwankend gewordene Sozialisten / Kommunisten im Sinne seiner Biographie zu knicken und sie über ›FAZ‹-Beiträgerschaft und Preiszuwendungen auf den rechtsliberalen Tugendpfad zu lenken. So früher bereits Erika Runge, Martin Walser, Erich Fried, Franz-Xaver Kroetz, Peter Maiwald, Ulla Hahn – und natürlich auch mich. Man darf sich nur nicht gerade als auf die Dauer unerziehbar erweisen.« Ähnlich äußerte sich wenig später Günter Grass: »Wie viele Konvertiten neigt er dazu, zum Fanatiker zu werden und schlägt zurück: gegen seine eigene politische Herkunft in der Nachkriegszeit, und er benutzt dazu die Literaturkritik.«

In der *FAZ* selbst sah man das anders. Hier erlebten ihn die Kollegen als jemanden, der sich gegen die politische Restaurationsbewegung im Jahrzehnt nach der Studentenbewegung zur Wehr setzte. Während die politischen Leitartikel der Zeitung den Radikalenerlass begrüßten, der die Einstellung von Linksintellektuellen in den öffentlichen Dienst untersagte, erklärte Reich-Ranicki diesen für dumm

Abb. 25: Bei einer *FAZ*-Redaktionskonferenz mit Joachim Fest, 1973

Abb. 26: Mit Ulrike Meinhof, Sylt 1967

Abb. 27: Beim Ingeborg-Bachmann-Wettbewerb im Jahr 1983 schnitt sich Rainald Goetz während der Lesung mit einem Rasiermesser die Stirn auf. Diese Aktion, so sagte der damalige Jury-Vorsitzende Reich-Ranicki, werde die Jury weder positiv noch negativ beeinflussen.

Abb. 28: Mit Ulla Hahn und Siegfried Unseld

und schädlich. Als während der Terroraktionen der »Roten Armee Fraktion« mancher deutsche Schriftsteller und Intellektuelle zum Sympathisanten des Terrorismus erklärt wurde, darunter auch Heinrich Böll, schrieb Reich-Ranicki einen Kommentar mit dem Titel »Böll wird diffamiert«.

Gewiss, mit dem Wechsel von der *Zeit* zur *FAZ* vollzog sich auch in Reich-Ranickis politischen Einstellungen eine Tendenzwende. Seine Literaturkritiken wurden unpolitischer, wenn nicht sogar antipolitisch. Mit der »Neuen Subjektivität« in der Literatur der siebziger Jahre sympathisierte er, weil mit ihr jene Dominanz politischen Engagements zurückgewiesen wurde, die seiner Auffassung nach um 1968 der Literatur erheblich geschadet hatte. Das hinderte ihn jedoch viele Jahre später nicht, mit großem Respekt einer Begegnung mit Ulrike Meinhof zu gedenken:

> Warum hat sich Ulrike Meinhof, deren Zukunft ich nicht ahnen konnte, so tief meinem Gedächtnis eingeprägt? Könnte dies damit zu tun haben, daß sie die erste Person in der Bundesrepublik war, die aufrichtig und ernsthaft wünschte, über meine Erlebnisse im Warschauer Getto informiert zu werden? Und wäre es denkbar, daß es zwischen ihrem brennenden Interesse für die deutsche Vergangenheit und dem Weg, der sie zum Terror und zum Verbrechen geführt hat, einen Zusammenhang gibt? (*ML* 460)

Wie in seinen literaturkritischen so demonstrierte Reich-Ranicki auch in seinen politischen Urteilen Unabhängigkeit. Hier wie dort konnte man vor Überraschungen nie sicher sein. Ein exponiertes Kapitel seiner Autobiografie, das letzte, widmet sich keinen literaturkritischen, sondern politischen Themen: dem »Historikerstreit« der achtziger Jahre, bei dem die *FAZ* und ihr Mitherausgeber Joachim Fest eine unrühmliche Rolle spielten, sowie Martin Walsers umstrittener Rede in der Frankfurter Paulskirche, die ihn mit ihrem trotzigen »Bekenntnis zum Wegschauen von nationalsozialistischen Verbrechen« (*ML* 549), so seine Einschätzung, tief getroffen und verletzt hatte. Das vorletzte Kapitel seiner Autobiografie endet mit der Hommage an einen Politiker: Willy Brandt, der im Dezember 1970 vor dem Denkmal des Warschauer Gettos niederkniete.

> Damals wußte ich, daß ich ihm bis zum Ende meines Lebens dankbar sein werde.
>
> Zum ersten Mal nach dem Warschauer Kniefall traf ich Willy Brandt Ende Januar 1990 in Nürnberg: Er war, schon von schwerer Krankheit gezeichnet, gekommen, um den neunzigjährigen Hermann Kesten, den Schriftsteller, den Juden und Emigranten, zu ehren. Ich habe versucht, Willy Brandt mit einigen unbeholfenen Worten zu danken. Er fragte mich, wo ich überlebt hätte. Ich erzählte ihm so knapp wie möglich, daß wir, Tosia und ich, im September 1942 von deutschen Soldaten zusammen mit Tausenden anderer Juden auf ebenjenen Warschauer Platz geführt worden waren, auf dem heute das Getto-Denkmal steht. Dort hätte ich zum letzten Mal meinen Vater und meine Mutter gesehen, bevor sie zu den Zügen nach Treblinka getrieben wurden.
>
> Als ich mit meinem kurzen Bericht fertig war, hatte jemand Tränen in den Augen. Willy Brandt oder ich? Ich weiß es nicht mehr. Aber ich weiß sehr wohl, was ich mir dachte, als ich 1970 das Foto des knienden deutschen Bundeskanzlers sah: Da dachte ich mir, daß meine Entscheidung, 1958 nach Deutsch-

land zurückzukehren und mich in der Bundesrepublik niederzulassen, doch nicht falsch, doch richtig war. (*ML* 550 f.)

Politische Äußerungen Reich-Ranickis beschränkten sich freilich weitgehend auf Bereiche, von denen er selbst existenziell betroffen war: den Nationalsozialismus, den Antisemitismus und den Kommunismus. Zur Unterdrückung anderer Minderheiten, zu sozialen Ungerechtigkeiten, zu ökologischen Katastrophen, zu Konflikten und Kriegen in Jugoslawien oder im Irak hat er sich nie geäußert. Zu Wahlkampfthemen in der Bundesrepublik erst recht nicht. Zum Typus des politisch engagierten Intellektuellen gehörte Reich-Ranicki allenfalls in einem sehr eingeschränkten Sinn. Er stand diesem Typus auch dann reserviert gegenüber, wenn er von Schriftstellern repräsentiert wurde. Seine Vorstellung von literaturkritischer oder künstlerischer Professionalität zeigte sich grundsätzlich skeptisch gegenüber Kompetenzüberschreitungen. Als ihn im Mai 2000 zwei Politiker, Klaus Bölling und Peter Gauweiler, befragten und bemerkten, dass er als »Homo politicus« kaum in Erscheinung getreten sei, bekannte er: »Sie haben vollkommen Recht, ich bin im Grunde kein politischer Mensch.« Nachdem er seine Mitgliedschaft in der Kommunistischen Partei Polens als Irrtum erkannt hatte, habe er »beschlossen, nie wieder einer politischen Partei beizutreten«. Und auf die Frage, warum er seine moralische Autorität nicht zur politischen Einflussnahme einsetze, antwortete er: »Weil ich nicht dazu da bin, das deutsche Volk politisch in irgendeinem Sinne zu erziehen. Ich maße mir an, dem deutschen Volk zu sagen, was ich für gute oder schlechte Literatur halte. Aber ich habe noch nie gesagt, das Volk solle nur die CDU wählen oder die

SPD und solle dies und jenes machen. Ich mische mich im Grunde genommen in politische Angelegenheiten überhaupt nicht ein. Es sei denn, die Politik greift in die Literatur ein.« Von Gauweiler bedrängt, sich über die historische Bedeutung von Helmut Kohl zu äußern, lenkte Reich-Ranicki die Aufmerksamkeit sogleich gewitzt auf Literatur: »Während dieser ganzen Vorgänge im Zusammenhang mit der Spendenaffäre habe ich unentwegt an eine literarische Parallele denken müssen – nämlich an die Königsdramen von Shakespeare.« Und schließlich erklärte er: »Aber ich fand, dass ich nicht berufen bin, ihn zu kritisieren. Und ich bin auch nicht berufen, ihn heute zu verteidigen.« (*Welt am Sonntag*, 21. 5. 2000; *WL* 308 ff.)

Zu solcher Verweigerung eines Werturteils in politischen Angelegenheiten stand die literaturkritische Urteilsfreude in denkbar größtem Kontrast. Und anders als im Bereich des Politischen hat Reich-Ranicki die Möglichkeiten, seine Autorität zur öffentlichen Einflussnahme in literarischen Angelegenheiten geltend zu machen, voll ausgeschöpft.

MACHT UND EINFLUSS: BACHMANN-PREIS UND DAS LEHRSTÜCK ULLA HAHN

Erheblichen Einfluss auf die literaturkritische Meinungsbildung und auf den Buchmarkt hatte Reich-Ranicki schon als maßgebliche Kritikerinstanz in der »Gruppe 47« und in der *Zeit*. An den Kämpfen der Kritik um die Durchsetzung einzelner Autoren und die Schwächung anderer im literarischen und intellektuellen Kräftefeld der Nachkriegszeit hat er sich gern und mit Erfolg beteiligt. Als politisch eher konservative Kritiker wie Friedrich Sieburg oder Günter Blöcker den Schriftsteller Gerd Gaiser, Autor des Romans *Schlußball*, zum führenden Epiker Deutschlands machen wollten, suchte er nach einer ästhetisch modernen, sozialkritischen und von Relikten nationalsozialistischer Ideologie freien Gegenfigur. Er setzte zunächst auf Wolfgang Koeppen und dann, als dieser kaum noch etwas schrieb, auf Heinrich Böll.

Die Position in der *FAZ* erweiterte seine Einflussmöglichkeiten um ein Vielfaches. Sie half ihm darüber hinaus, seine Aktivitäten im literarischen Leben der Bundesrepublik noch weit über die Arbeit in der Zeitung hinaus auszudehnen – als Autor und Herausgeber von Büchern, als Berater von Verlagen und nicht zuletzt als Mitglied zahlreicher Jurys, die über die Vergabe von Literaturpreisen zu entscheiden hatten.

Einer dieser Preise wurde nach einem Modell vergeben, das maßgeblich von ihm selbst konzipiert und in die Praxis umgesetzt wurde. Es erlangte eine enorme Publizität und machte als Vorbild für andere Preisvergaben Schule: das Modell des Klagenfurter Wettbewerbs um den Ingeborg-Bachmann-Preis. Der Wettbewerb wurde 1977 ins Leben gerufen und existiert, wenn auch unter anderem Namen und mit veränderten Modalitäten, noch heute. Zehn Jahre lang, bis 1986, war Reich-Ranicki Sprecher der Jury und machte den Bachmann-Preis zu einem der wichtigsten und meistbeachteten Literaturpreise nach 1945. Die dem öffentlichen Wettbewerb zugrunde gelegten Spielregeln waren angeregt von den Ritualen der Kritik in der »Gruppe 47«, mit denen vormals Ingeborg Bachmann selbst konfrontiert war. Der Lesung eines Autors folgten die spontanen Werturteile der

Kritiker, auf die der Autor nicht reagieren durfte. Nur transparenter, demokratischer und öffentlicher sollten die Modalitäten der Preisvergabe sein. Aus dem bis in die Details des Abstimmungsverfahrens hinein ausgeklügelten Konzept erwuchs eine Veranstaltung, die Klagenfurt in der letzten Juni-Woche eines jeden Jahres zur Hauptstadt der deutschsprachigen Literatur machte. Inszeniert in einem Raum von der Größe eines kleinen Theaters wurde, mit Reich-Ranicki in der Hauptrolle, der Öffentlichkeit vorgespielt, wie das literarische Leben funktioniert.

Nachdem der Wettbewerb zum ersten Mal stattgefunden hatte, schrieb er:

> Aber was hat denn nun eigentlich im Juni 1977 in Klagenfurt stattgefunden?
>
> Ein Fest der Literatur? Ein Wettbewerb mit zwei Preisen und einem Stipendium? Ein Dichtermarkt? Eine Art Börse? Wirklich eine Arbeitstagung? Oder gar eine literarische Modenschau? Es war, glaube ich, alles auf einmal – und das ist gut so. (*Klagenfurter Texte*, 1977)

Bei dem Wettbewerb saßen sich die Akteure und Instanzen des Literaturbetriebes, Schriftsteller, Kritiker, Verleger, Lektoren, Medienberichterstatter und ganz normale Leser Auge in Auge gegenüber, hier liefen innerhalb weniger Stunden und Tage kommunikative Prozesse ab, die sich sonst über Monate oder Jahre hinziehen. Der Bachmann-Preis avancierte rasch zur medienwirksamsten Show der deutschsprachigen Literatur und Klagenfurt zum Umschlagplatz des Literaturmarktes.

Reich-Ranicki versäumte es nicht, auch hier durchzusetzen, was er schätzte, und zu verhindern, was er missbilligte. Hermann Burger, der Preisträger von 1985, der in Klagenfurt neben seiner Lesung auch als Zauberkünstler auftrat, ist dafür nur ein Beispiel unter vielen, wenn auch ein besonders markantes: Der Bachmann-Preis war nicht der einzige Preis, den er unter Mitwirkung Reich-Ranickis erhielt. Als dem Autor zwei Jahre vorher der Hölderlin-Preis verliehen wurde, hielt Reich-Ranicki die Laudatio. Als Kritiker rezensierte Reich-Ranicki in der *FAZ* Burgers Bücher, als Redakteur ließ er ihn für die Zeitung schreiben. Nachdem der Autor 1989 Opfer seiner Depression geworden war, erschienen Nachrufe Reich-Ranickis gleich in mehreren Medien. Später nahm er in Anthologien mit Erzählungen, die er herausgab, immer wieder auch Erzählungen von Burger auf, zuletzt in seinen »Kanon« deutscher Erzählungen.

Mit der öffentlichen Durchsetzung der Lyrikerin Ulla Hahn hatte er es leichter. Das Instrument des Bachmann-Preises kam dafür jedoch nicht in Frage, weil in Klagenfurt ausschließlich Prosa gelesen wurde. Ansonsten benutzte er jedoch alle Mittel, die ihm zur Verfügung standen, um den Gedichten Ulla Hahns Gehör zu verschaffen. Sie wurde zu einer der erfolgreichsten deutschen Lyrikerinnen des 20. Jahrhunderts. Und die Anfänge dieser Erfolgsgeschichte wurden zu einem Lehrstück über die Macht, die der Literaturkritiker Reich-Ranicki damals hatte.

Ulla Hahn war seine Entdeckung. Er war stolz auf sie. Die Entdeckung junger Talente sei »ein mühseliges Geschäft, meist vergeblich und erfolglos«, doch sie habe ihm Spaß gemacht, bekennt der Autobiograf, und ein Fall sei ihm unvergesslich: Ulla Hahn.

Bei einer Fernsehdiskussion im August 1979 lernte er sie

kennen. Sie war Literaturredakteurin bei Radio Bremen. Das Gespräch war nicht sonderlich bemerkenswert. Als die Redakteurin bekannte, selbst gelegentlich Gedichte zu schreiben, bot er ihr aus Höflichkeit an, ihm einige zu schicken. Als die ersten vier mit der Post kamen, las er sie sofort – und war begeistert. Nach Rücksprache mit Ulrich Greiner, der damals in seiner Redaktion arbeitete, stand der Entschluss fest, alle in der Zeitung zu drucken. Am 22. August 1979 erschien im Feuilleton Ulla Hahns »Anständiges Sonett«, das erste von vielen Gedichten der bis dahin völlig unbekannten Lyrikerin, die dann in dichter Folge in der Zeitung gedruckt wurden. 1981 erhielt Ulla Hahn den Leonce-und-Lena-Preis. Die Jury, in der neben Reich-Ranicki zwei Stammrezensenten der *FAZ* saßen, lobte Ulla Hahns »souveränen Umgang mit der lyrischen Tradition«. Der Bericht über die Veranstaltung, der in der *FAZ* erschien, nahm dieses Lob auf. Zur Frankfurter Buchmesse erschien Ulla Hahns erster Gedichtband, *Herz über Kopf*, in der Deutschen Verlags-Anstalt, die der *FAZ* ökonomisch assoziiert war, in der Reich-Ranickis eigene Bücher verlegt wurden und der er die Lyrik Ulla Hahns empfohlen hatte. Der ganzseitige Aufmacher der Buchmessenbeilage, von Reich-Ranicki geschrieben, war eine Hymne auf dieses Buch. Zwei Schriftsteller, die Reich-Ranicki nahestanden und oft auch in der *FAZ* publizierten, veröffentlichten ihre ebenfalls lobenden Besprechungen in der *Zeit* und im *Tagesspiegel*. Der Verlag wiederum benutzte Zitate aus allen drei Besprechungen für seine Werbung. Ein Jahr später erschien das »Anständige Sonett« noch einmal in der *FAZ*, jetzt in der *Frankfurter Anthologie* zusammen mit der Interpretation des mit Reich-Ranicki befreundeten Literaturwissenschaftlers Walter Hinderer. Das alles hatte den voraussehbaren Effekt lautstarker Gegenreaktionen, die die Publizität von Ulla Hahns Lyrik nur noch verstärkten.

Machtmissbrauch? So muss es denen erscheinen, denen diese Gedichte missfallen. Wer indes die Lyrik von Ulla Hahn schätzt, wird die Macht, die Reich-Ranicki zu ihren Gunsten einsetzte, nicht beklagen. Reich-Ranicki selbst hat seine Machtposition nicht verleugnet, doch für sich beansprucht, diese Macht zugunsten der Literatur eingesetzt zu haben:

> Es dauerte nur wenige Jahre, da hieß es klipp und klar, ich hätte ungewöhnlich viel Macht an mich gerissen. [...] Mit Sicherheit hat das Wort »Macht« keinen guten Klang, man denkt gleich – und nicht ganz zu Unrecht – an Mißbrauch und Willkür [...]. Es stimmt schon: Ich habe mich bemüht, soviel Macht in meinen Händen zu konzentrieren, wie ich es für nötig hielt. [...] Allerdings erlaube ich mir zu fragen: War das für die Literatur gut oder schlecht? Zu wessen Gunsten habe ich fünfzehn Jahre lang in der »Frankfurter Allgemeinen« ein so großes Ressort verwaltet? Ich bildete mir ein und glaube es immer noch: zugunsten der Literatur. (*ML* 491)

Dass es ihm nicht um Personen, sondern um Texte ging, die er schätzte und von möglichst vielen Lesern geschätzt wissen wollte, zeigt im Übrigen ebenfalls das Beispiel Ulla Hahn. Dass er ihre Prosa, die sie seit ihrem ersten Roman, *Ein Mann im Haus* (1991), veröffentlichte, missachtete, daraus machte er keinen Hehl. Als Kritiker hat er sich nicht öffentlich über sie geäußert – bis 2001 ihr autobiografischer Roman *Das verborgene Wort* erschien. In der vorletzten Sendung des »Literarischen Quartetts« hat er ihn »verrissen« – und ungeachtet der wütenden Reaktionen der Autorin in seine 2003 erschienene Anthologie *Meine Gedichte von Walther von der Vogelweide bis heute* fünf Gedichte von ihr aufgenommen.

Reich-Ranickis Demonstrationen literaturkritischer Macht waren immer auch Demonstrationen der Unabhängigkeit von Rücksichtnahme und Befangenheit gegenüber Personen. Da gingen Freundschaften zu Bruch und erwuchsen Feindschaften, doch das von ihm gepflegte Image des neutralen, unbestechlichen, nur der Qualität des literarischen Textes verpflichteten Kritikers hat seine Autorität und damit seine Macht vergrößert. Als er 1988, im Alter von achtundsechzig Jahren, die Redaktionsleitung des Literaturteils in der *FAZ* abgeben musste und in der Zeitung nur noch als Redakteur der *Frankfurter Anthologie* weiter amtierte, schien seine Macht ihr Ende erreicht zu haben. Doch er vermochte sie noch einmal zu steigern – als Fernsehstar der Literaturkritik. Einen solchen hatte es bisher noch nicht gegeben.

STAR IM FERNSEHEN

Im Juni 1987 fand der Wettbewerb um den Ingeborg-Bachmann-Preis, der schon Jahre vorher in das Klagenfurter Studio des Österreichischen Fernsehens verlegt worden war und durch die ausführliche Berichterstattung zusätzliche Publizität erlangt hatte, erstmals ohne Reich-Ranicki statt. Auch mancher Gegner der Veranstaltung bemerkte den Verlust an Temperament und Lebendigkeit in der Diskussion. Zur Fernsehtauglichkeit hatte den Wettbewerb jedenfalls maßgeblich Reich-Ranicki entwickelt.

Ob es die Erfahrungen mit dem zum TV-Ereignis avancierten Bachmann-Preis, Reich-Ranickis eindrucksvoller Auftritt in einer Gesprächsrunde zur Übertragung der amerikanischen Serie »Holocaust« im deutschen Fernsehen oder der bevorstehende Rückzug aus der Redaktion der *FAZ* war: Jedenfalls wurde Reich-Ranicki im Sommer 1987 von zwei Redakteuren des Zweiten Deutschen Fernsehens, Dieter Schwarzenau und Johannes Willms, gefragt, ob er bereit sei, eine regelmäßige Literatursendung zu leiten. Reich-Ranicki stellte Forderungen, die gegen alle Gepflogenheiten des Fernsehens bei der Präsentation von Literatur verstießen: »In dieser Sendung, sagte ich, dürfe es keinerlei Bild- oder Filmeinblendungen geben, keine Lieder oder Chansons, keine Szenen aus Romanen, keine Schriftsteller, die aus ihren Werken vorläsen oder, in einem Park spazieren gehend, diese Werke gütig erklärten. Auf dem Bildschirm sollten ausschließlich jene vier Personen zu sehen sein, die sich über Bücher äußern und, wie zu erwarten, auch streiten würden.« (*ML* 535 f.)

Am 25. März 1988 wurde die neue Sendung zum ersten Mal ausgestrahlt – eine Sendung, die ausschließlich von Büchern handelte und in der über Bücher nur gesprochen wurde. Reich-Ranicki eröffnete sie mit den Sätzen:

> Meine Damen und Herren, dies ist keine Talkshow. Was wir zu bieten haben ist nichts anderes als Worte, Worte, Worte, 75 Minuten lang Worte – und wenn's gutgeht, das ist ein Ziel, aufs innigste zu wünschen, vielleicht auch Gedanken. Wir werden über Bücher sprechen und über Schriftsteller, also nichts anderes als Literatur. Es wird zu einem Streitgespräch wahrscheinlich kommen. Das wird unvermeidbar sein, und das wollen wir auch gar nicht vermeiden. Über Literatur werden wir reden, und die Literaten werden sich vielleicht freuen oder ärgern, aber diese Sendung ist nicht für Literaten bestimmt – auch für Literaten –, aber vor allem für die Freunde der Literatur, für alle Freunde der Literatur. Die freilich, die keine Freunde der Literatur sind, die haben wahrscheinlich jetzt den falschen Kanal gewählt, die könnten sich in dem Folgenden langweilen. Die anderen hoffentlich nicht. Also 75 Minuten über Literatur heute. Vier Personen nehmen daran teil: Es heißt ja, ein Quartett sei es.

»Wozu können eigentlich solche Gespräche dienlich sein? Literatur ist zum – man verzeihe das harte Wort – Lesen da«, stellte Joachim Kaiser in der *FAZ* vom 28. März 1988 anlässlich dieser ungewöhnlichen Fernsehpremiere missbilligend fest. Trotz der zunächst negativen Resonanz bei Reich-Ranickis Kritikerkollegen etablierte sich die Sendung schnell und wurde zu einer der einflussreichsten Institutionen des literarischen Lebens.

Abb. 29: Das »Literarischen Quartett« mit Sigrid Löffler, Verena Auffermann und Hellmuth Karasek (v. l.), 1994

Neben Reich-Ranickis altem Freund Hellmuth Karasek und der österreichischen Literaturkritikerin Sigrid Löffler, die Reich-Ranicki als »eine der geistreichsten Frauen Österreichs« vorstellte, waren anfangs der Journalist Jürgen Busche und nach dessen baldigem Ausscheiden die Kritikerin Klara Obermüller aus der Schweiz ständige Mitglieder des »Quartetts«. Nachdem auch sie 1990 das Quartett verlassen hatte, nahmen wechselnde Gäste (der erste war Jurek Becker), meist Kritiker, gelegentlich auch Literaturwissenschaftler, Schriftsteller oder auch Verleger auf dem vierten Sessel Platz. In 75 Minuten wurden fünf Bücher ohne Notizzettel und weitgehend auch ohne Zitate besprochen. Damit hatte jeder Kritiker im Schnitt weniger als vier Minuten Redezeit pro Buch. Vorwürfe der Oberflächlichkeit konnten schon deshalb nicht ausbleiben. Reich-Ranicki begegnete ihnen mit rhetorischem Understatement: »Kurz und gut: Gibt es im ›Quartett‹ ordentliche Analysen literarischer Werke? Nein, niemals. Wird hier vereinfacht? Unentwegt. Ist das Ergebnis oberflächlich? Es ist sogar sehr oberflächlich.« (*ML* 538)

Den Verlagen der zur Diskussion ausgewählten Bücher, ob sie gelobt wurden oder nicht, verhalf die Sendung zu beachtlichen Verkaufszahlen. Etliche Werke verdankten nachweislich erst dem »Literarischen Quartett« ihren Durchbruch: Ruth Klügers Autobiografie *weiter leben*, der Roman *Mein Herz so weiß* des Spaniers Javier Marías oder die Erzählungen *Sommerhaus, später* von Judith Hermann. Beim Publikum kam die Sendung wegen ihrer lebhaften und teils deftigen Streitgespräche, die natürlich von Reich-Ranicki dominiert und meist auch angefacht wurden, sehr gut an. Obwohl durch das puristische Konzept und das aufeinander eingespielte Personal der Eindruck der Spontaneität erweckt wurde, lebte das »Literarische Quartett« in zunehmendem Maße von ritualisierten Gesprächsabläufen, bei denen die Vorlieben und Abneigungen der Beteiligten bald bestens bekannt waren. Die Zuschauer wussten, wann Reich-Ranicki Zeichen der Verzückung geben oder schulmeisterlich den Zeigefinger zum finalen Verdikt erheben, theatralisch die Hände über dem Kopf zusammenschlagen oder mit leidender Miene die Beiträge anderer zur Kenntnis nehmen würde.

Zu einem ersten großen Streit über die Sendung kam es 1995 in der Öffentlichkeit, als Marcel Reich-Ranicki das Buch von Günter Grass *Ein weites Feld* mit negativer Kritik nur so überschüttete (»Wertlose Prosa, langweilig und unlesbar«). Ein Streit im »Quartett« selbst erregte am 30. Juni 2000 noch größeres Aufsehen. Es ging um den erotischen Roman *Gefährliche Geliebte* von Haruki Murakami. Die sexistische Sprache des Romans traf bei Sigrid Löffler auf vehemente Ablehnung. Ausdrücke wie »hirnerweichendes Vögeln« disqualifizierte Löffler als »literarisches Fastfood«. Marcel Reich-Ranicki, den der Roman beeindruckt hatte, unterstellte ihr wütend ein generelles und persönliches Problem mit erotischen Inhalten von Literatur. »Sie halten die Liebe für etwas anstößig Unanständiges, aber die Weltliteratur befasst sich nun einmal mit diesem Thema. Gott sei Dank!« Die so Attackierte schlug auf der gleichen Ebene persönlicher Unterstellungen zurück: »Ich will überhaupt keinen Einspruch dagegen erheben, woran Sie sich ergötzen. Aber das ist wahrscheinlich auch eine Altersfrage.«

Als diese Auseinandersetzung von und in der Boulevardpresse fortgeführt wurde, entschloss sich Sigrid Löffler, das »Literarische Quartett« zu verlassen. Nachfolgerin wurde Iris Radisch, Literaturredakteurin der *Zeit*. Sie blieb es nur für kurze Zeit: Nach 13 Jahren und 77 Sendungen, in denen über 385 Bücher diskutiert wurden, endete mit der Sendung vom 14. Dezember 2001, zu der der Bundespräsident nach Berlin in das Schloss Bellevue eingeladen hatte, die Ära des »Literarischen Quartetts«. Knapp 900 000 Zuschauer haben die Sendung im Durchschnitt verfolgt – angesichts der späten Sendezeit, des nicht gerade fernsehtauglichen Themas und des in den letzten Jahren ungünstigen Sendeplatzes (am Freitag) ein unerhörter Erfolg.

Schon knapp zwei Monate nach dem letzten »Quartett« trat Reich-Ranicki in einer neuen Fernsehproduktion auf: »Reich-Ranicki Solo« blieb allerdings ein kurzes, nur ein Jahr währendes Intermezzo. Insgesamt neun Folgen sendete das ZDF, die erste am 3. Februar, die letzte am 3. Dezember 2002. Dass jemand eine halbe Stunde lang gänzlich allein sprach, weder durch Filmbeiträge noch durch Gäste unterbrochen, und das zudem in einer Kultursendung, dürfte in der bisherigen Geschichte des Fernsehens singulär gewesen sein. Thema sollten die »aktuellen Entwicklungen unseres Kulturlebens« sein, wie der Kritiker vor dem Start der Sendung erläuterte. Dabei waren Literatur, Literaturkritik und das literarische Leben dominant. Aber auch Theaterinszenierungen, Literaturverfilmungen und Opernereignisse wurden in der Sendung kommentiert. In erster Linie betätigte sich Reich-Ranicki hier als Medienkritiker, als Beobachter der überregionalen Feuilletons, insbesondere der Literaturkritik. Die Sendung wurde zu einer Art Kulturtagebuch im Medium des Fernsehens und im Gestus »Polemischer Anmerkungen«, wie es im Untertitel hieß. Reich-Ranicki präsentierte die wichtigsten kulturellen Ereignisse des Jahres 2002 aus seinem persönlichen Blickwinkel. Er formulierte kurze Nachrufe zum Tod bedeutender Persönlichkeiten des kulturellen Lebens und erzählte Anekdoten über seine Begegnungen mit ihnen, wies mit pointierten Wertungen auf literarische Neuerscheinungen oder auf Klassiker der Weltliteratur hin. Gelegentlich reagierte er, in »eigener Sache«, auf diejenigen, die ihn eben kritisiert hatten.

Für jede Sendung bereitete Reich-Ranicki etwa sieben Themen vor und entschied spontan, welche er behandeln wollte. Die Sendungen waren wie eine Vorlesung an der Universität inszeniert und wurden einige Stunden vor ihrer Ausstrahlung vor Studiopublikum an einem Stück aufgezeichnet. Auf einer Bühne thronte Reich-Ranicki hinter einem Schreibtisch, auf dem sich lediglich ein paar Konzeptpapiere, Bücher und eine Uhr befanden. Reich-Ranicki dozierte und polemisierte frei, nur gelegentliche Blicke auf Notizen und Uhr strukturierten seinen Auftritt.

Der Ablauf folgte wie schon beim »Literarischen Quartett« eingespielten Ritualen. Den Auftritt leitete ein Motiv aus Robert Schumanns Davidsbündlertänzen ein. Am Ende gab der von anderen so gern als »Literaturpapst« titulierte Kritiker ein Bekenntnis der eigenen Fehlbarkeit ab – mit einem Zitat aus dem »Prolog im Himmel« in Goethes *Faust*: »Jedoch, jedoch: Es irrt der Mensch, solang er strebt.« Mit dem Gestus der Bescheidenheit immunisierte sich der Fernsehstar gegen mögliche Kritik am intellektuellen Anspruch der Sendung: Er wolle dafür sorgen, so hatte er erklärt, dass die Zuschauer auch ohne große Vorbildung auf unterhaltsame Weise in die bunte Welt der Kultur eingeführt werden.

Mit einem durchschnittlichen Marktanteil von vier Prozent war diese kulturkritische Sendung durchaus erfolgreich. »Alle vier Wochen fünf aktuelle Themen haben, über die zu reden lohnt, ist gar nicht leicht in einer Epoche, wo das literarische Leben nicht so fabelhaft ist«, beschrieb Reich-Ranicki die Schwierigkeiten der Sendung. Als weiteren Grund, die Sendung zu beenden, führte der Kritiker die zahlreichen anderen Verpflichtungen und Projekte an, die ihn, den 82-Jährigen, beanspruchten.

KRITIK ALS BERUF

»Die Kritik ist mein Beruf, ich habe keinen anderen«, erklärte Reich-Ranicki 1993 in einem Gespräch mit Joachim Kaiser. (*KB* 62) Die meisten seiner einflussreichen Kollegen, von Lessing über Friedrich Schlegel bis hin zu Walter Jens oder Kaiser, waren *auch* Literaturkritiker, er war es ausschließlich. Die Konzentration auf die literaturkritische Tätigkeit machte einen Teil seiner Professionalität aus. Der Mangel an Vielseitigkeit war zugleich seine Stärke. Zumindest hat Reich-Ranicki dies selbst so gesehen. Wenn beispielsweise Fontane, dem Reich-Ranicki sonst ein untrügliches Gespür für literarische Qualität bescheinigt, über Epik urteilte, kam der »Romancier [...] dem Rezensenten ins Gehege« (*AL* 127), weil er die Maßstäbe seinen eigenen Arbeiten entnahm und zu Normen erklärte. Moritz Heimanns Tätigkeit als Lektor beim S. Fischer-Verlag hemmte sein kritisches Denkvermögen, wenn er seine Schützlinge besprach, also jene Autoren, die er selbst beraten und verlegt hatte. Der professionelle Kritiker kann sich derartige Parteilichkeiten nicht leisten. Denn er hat einen Ruf zu verlieren; er kann dies nicht durch Qualitäten in anderen Bereichen ausgleichen. So ist für ihn jede Kritik eine risikoreiche Prüfung, bei der das Ansehen der ganzen Person und die Basis der beruflichen Existenz auf dem Spiel stehen.

Zur Professionalität des Kritikers Reich-Ranicki gehörte ferner, dass er so häufig und ausführlich wie kaum ein anderer die historischen und theoretischen Voraussetzungen der eigenen Tätigkeit reflektiert hat. Drei Publikationen sind hier besonders hervorzuheben: der einleitende Essay in

Lauter Verrisse (zuerst 1970), der 2002 unter dem Titel *Über Literaturkritik* als eigenständiges Buch erschien, das lange Gespräch mit Peter von Matt (*Der doppelte Boden*) und das 1994 erschienene Buch *Die Anwälte der Literatur*. Es enthält dreiundzwanzig Portraits bedeutender deutscher Literaturkritiker vom 18. Jahrhundert bis zur Gegenwart.

Der Plan zu diesem Buch reichte bis in das Jahr 1970 zurück. Es ist mit seiner langen Entstehungszeit ein extremes, wenn auch typisches Beispiel für Reich-Ranickis Arbeitsweise. Fast alle seine Bücher sind Sammlungen von Reden und Artikeln, die zunächst in Zeitungen erschienen, doch bereits im Hinblick auf ein Buchprojekt geschrieben wurden. Vieles von dem, was Reich-Ranicki an Rezensionen und Essays für Zeitungen verfasst hat, ist in seiner Themenauswahl auf zukünftige Bücher hin konzipiert und nicht nur für den Tag geschrieben. Etliche dieser Bücher waren ein »work in progress«. Sie sind in mehreren Auflagen erschienen, die ständig um neue Artikel erweitert wurden. Das gilt für seine Bücher *Über Ruhestörer*, über Martin Walser oder Günter Grass und für viele andere. »Ich werde«, so erklärte Reich-Ranicki 1986, »bis ans Ende meines Lebens kein literaturkritisches Buch von der ersten bis zur letzten Zeile schreiben, sondern immer wieder einzelne Essays, Aufsätze, Kritiken, aus denen dann Bücher entstehen. Ich mache das deshalb so, weil ich überzeugt bin, daß die Form der Kritik die kleine Form ist.« (*DB* 176)

Das Buch *Die Anwälte der Literatur* gehört zu seinen wichtigsten und besten. Die Essays sind ein Panorama der Geschichte deutscher Literaturkritik am Beispiel ihrer bedeutenden Repräsentanten. Doch nicht bloß historische, sondern vor allem aktuelle Interessen prägen den Blick auf sie. »Wir müssen die Kritiker der Vergangenheit studieren, denn wir können zweierlei von ihnen lernen: wie mans machen kann und wie mans nicht machen sollte. Aus den Fehlern der Kritiker von gestern lässt sich, glaube ich, sehr viel lernen.« (*DB* 103) In der Distanz und Identifikation mit Kritikern der Vergangenheit und Gegenwart sind Reich-Ranickis Portraits daher immer auch Bestandteile eines Selbstportraits. Schon der Titel des Buches verweist auf die Rolle, die er nicht nur anderen Literaturkritikern, sondern auch sich selbst zuschrieb: die eines Anwaltes.

ROLLEN UND AUFGABEN DES KRITIKERS

Als im 18. Jahrhundert die Literaturkritik zu einer Institution wurde, bezeichnete man den »Criticus« häufig als einen »Kunstrichter«. Auch Lessing verwendete dieses Wort, doch glich die Rolle, die er dem Kritiker zuwies, eher der eines Anwaltes. Während der Richter auf der Grundlage vorliegender Gesetze ein Urteil spricht, steht es dem Anwalt nur zu, für ein bestimmtes Urteil zu votieren. In Lessings literaturkritischem Selbstverständnis ist die höchstrichterliche Urteilsinstanz das Publikum, dem der Kritiker wie ein Anwalt bestimmte Urteile empfiehlt und dafür Gründe anführt. »Wenn ich mir aber nun das Publikum als Richter denke?«, fragt Lessing im einundfünfzigsten seiner »Briefe, antiquarischen Inhalts«. Der Kritiker tritt nach Lessing nicht mit dem dogmatischen Anspruch auf, im Besitz der Wahrheit zu sein, sondern trägt in Konkurrenz mit seinen Kollegen und mit anderen Instanzen des literarischen Lebens zur Wahrheits- und Urteilsfindung bei.

Als den »Vater der deutschen Kritik« hat Reich-Ranicki Lessing portraitiert. Das Portrait hat, insofern es an Lessings literaturkritischer Praxis kaum ein gutes Haar lässt, Qualitäten eines Vatermordes. Als Theoretiker und Verteidiger der Kritik erscheint Lessing hier jedoch wegweisend. Für Reich-Ranickis Beschreibungen der eigenen Rolle als Kritiker ist Lessing jedenfalls eines der maßgeblichen Vorbilder. Als »Richter« wollte er sich nicht verstehen:

> Nun werden aber Urteile von Richtern gefällt – in der Tat bezeichnet man Kritiker oft als Kunstrichter. Ich für meinen Teil muß dagegen protestieren. Sosehr ich hoffe, ein engagierter Kritiker zu sein, so wenig möchte ich mit einem Richter verglichen werden. Ich trete, glaube ich, in einer ganz anderen Rolle auf. Nicht Urteilssprüche sind meine Kritiken, sondern Plädoyers. (*UG* 22)

Auch das ihm mehr oder weniger ironisch zugeschriebene Etikett des »Literaturpapstes« hat Reich-Ranicki zurückgewiesen. Päpstliche Ansprüche auf Unfehlbarkeit seien ihm fremd: »Ich habe schon bei vielen Gelegenheiten gesagt, dass ich diese Bezeichnung für sinnlos halte, weil sie immer mit Unfehlbarkeit assoziiert wird. Ich kenne keinen einzigen Kritiker in der ganzen Geschichte der deutschen Literaturkritik, der unfehlbar gewesen wäre. Aber wissen Sie, ich habe längst aufgehört, dagegen irgendetwas zu sagen.« (*WL* 307)

In einem Rundfunkbeitrag von 1963, der »Selbstkritik des ›Blechtrommel‹-Kritikers«, erläuterte Reich-Ranicki die juristische Metaphorik zur Veranschaulichung der Kritikerrolle genauer: »Zwei Seelen wohnen also in des Kritikers Brust, in zwei Rollen tritt er gleichzeitig auf: als Rechtsanwalt und als Staatsanwalt.« Zum einen agiere der Kritiker in der Rolle des Verteidigers. »Mein Autor ist mein Mandant, mein Klient, mein Schützling. Ich habe ihm zu dienen, seine Sache zu vertreten.« Doch der Verteidiger müsse zugleich ein Ankläger sein. »Ich muß jede Seite des neuen Werks mißtrauisch lesen, ich muß es hartnäckig anzweifeln. Ich habe alles Schwache, Fragwürdige und Schlechte im Gegenstand der Betrachtung zu suchen.« Eine Kritik sei die Summe beider Plädoyers. »Die Urteile hingegen werden, meine ich, nicht von uns, den Kritikern, gefällt, sondern später einmal von den hohen Richtern, den Literarhistorikern.« (*UG* 23)

Die Rolle des Anwaltes ist indes gewiss nicht die einzige, die der Kritiker spielt. Es gibt eine Vielzahl von sozialen Rollen, mit denen die des Kritikers verglichen wurden und mit denen auch Reich-Ranicki seine Tätigkeit verglichen hat: mit der eines Lehrers und Erziehers, eines Dieners, eines Liebhabers, eines Arztes, eines Türhüters oder sogar eines Müllmanns.

Zu den Aufgaben der Literaturkritik gehört, seit es sie gibt, die Selektion: die Auswahl solcher Bücher, die als lesenswert empfohlen werden können, und solcher, mit denen man seine begrenzte und daher kostbare Lesezeit nicht verschwenden sollte. Die Literaturkritik als Institution im heutigen Sinn entstand nicht zufällig in jenem Jahrhundert der Aufklärung, in dem der Buchmarkt rasant expandierte und eine kaum noch überschaubare Vielzahl unterschiedlichster Bücher hervorbrachte. Dem dadurch wachsenden Bedarf des Lesepublikums an Orientierung kam die Literaturkritik entgegen. Von ihr erhoffte man sich Qualitätsprüfungen eines Angebotes, das für manche geradezu bedrohliche Dimensionen angenommen hatte. Friedrich Schlegel, auf den sich Reich-Ranicki wiederholt berief und ihn dabei zustimmend zitierte, hatte beschrieben, »wie seit Erfindung der Buchdruckerei und Verbreitung des Buchhandels durch eine ungeheure Masse ganz schlechter und schlechthin untauglicher Schriften der natürliche Sinn bei den Modernen verschwemmt, erdrückt, verwirrt und missleitet wird«. Hieraus leitete Schlegel für die Kritik eine Aufgabe ab, die ihr Reich-Ranicki noch für die Gegenwart zuschrieb: »Damit nun wenigstens Raum geschaffen werde für die Keime des Bessern, müssen die Irrtümer und Hirngespinste jeder Art erst weggeschafft werden.« Zu den wichtigsten Verdiensten von Lessings Kritik zählte Schlegel die »billige Verachtung und Wegräumung des Mittelmäßigen oder des Elenden«. (Schlegel, zitiert in *ÜL* 35)

In einem Beitrag mit dem Titel »Fernsehen als verlängerter Arm der Verlagswerbung?« führte Reich-Ranicki aus:

> Schon Friedrich Schlegel hat darauf hingewiesen, daß zu den wichtigsten Aufgaben der Literaturkritik die Abwehr des Schlechten gehöre. Oder, um es in der Sprache unserer Epoche auszudrücken: Die Müllabfuhr. Wir müssen, ob wir es wollen oder nicht, uns unentwegt damit befassen, das Schlechte wegzudrängen. Die Verlage […] machen unentwegt sehr viel Reklame für ihre Produkte. Friedrich Schlegel hat sich nicht davon träumen lassen, mit welchen Methoden etwa Bertelsmann, Hoffmann und Campe, Droemer und Knaur und ähnliche Institute ihre Produkte dem Publikum anbieten werden. Das Publikum wird von allen Seiten bedrängt – mit Anzeigen, mit Plakaten, auch mit anderen Werbemitteln. Unsere Aufgabe ist es somit, sich dieser Reklame zu widersetzen, nein zu sagen.

> Immer wieder müssen wir das Publikum belehren: Was man euch einreden will, ist schlecht. (*Das Buch im Fernsehen. Schriftenreihe des Börsenvereins des Deutschen Buchhandels*. Band II, Frankfurt 1978, S. 17 f.)

Mit seiner selektierenden Aufgabe gleiche der Kritiker, wie Heinrich Heine einmal spöttisch vermerkte, einem Lakaien vor der Saaltür bei einem Hofball, der Unbefugte zurückweist, aber selbst ebenfalls nicht hineindarf. »In der Tat«, so kommentierte Reich-Ranicki Heines Bonmot, »wir Kritiker sind die Diener der Literatur, wir sollen, wie jene Türsteher, für etwas Ordnung sorgen und vor allem dafür, daß die Scharlatane und die Nichtskönner gleich am Eingang abgewiesen werden, damit die guten Tänzer im Saale immer Platz genug haben. Wir selber nehmen am Ball nicht teil, es sei denn als Beobachter, irgendwo am Rande oder eben in der Nähe der Tür. Und das ist gut so.« (*AL* 112) Der Kritiker gleiche in dieser Funktion auch einem Liebhaber, der dafür sorge, dass das Terrain der geliebten Literatur nicht durch Texte bevölkert werde, die der Geliebten schaden und ihr das Liebenswerte nehmen könnten. Kurt Tucholskys Bonmot »Entweder du liest eine Frau, oder du umarmst ein Buch« hat Reich-Ranicki oft zitiert, weil er in ihm sein eigenes libidinöses Verhältnis zur Literatur wiedererkannte. »Kritik aber ohne Liebe und ohne Begeisterung ist schädlich, mehr noch: Es ist ein Widerspruch in sich selbst«, erklärte er. (*AL* 324) Noch den schärfsten Verriss hat Reich-Ranicki so zum Liebesdienst an der Literatur deklariert.

Ebenfalls in der Tradition der Aufklärung hat Reich-Ranicki immer wieder die pädagogischen Aufgaben der Kritik hervorgehoben und sich selbst als Lehrer und Erzieher begriffen. Es sei allerdings nicht der Schriftsteller, der zu erziehen sei, sondern der Leser. Schriftsteller seien in ihrer Eigenwilligkeit erziehungsresistent – zumindest die besseren unter ihnen. »Schriftsteller lassen sich nicht erziehen. Und wenn sie sich erziehen lassen, dann lohnt es sich nicht.« Solches hat Reich-Ranicki bei vielen Gelegenheiten erklärt. In dem Gespräch mit Peter von Matt fügte er hinzu: »Was ich wollte und weiterhin will, ist doch ganz einfach. Ich möchte das Publikum dazu bringen, dass es Bernhards Prosa mit Vergnügen liest, dass den Leuten diese Bücher so viel Spaß bereiten wie mir.« (*DB* 69) Die Hauptaufgabe des Literaturpädagogen ist es, das Interesse der Leser, und zwar möglichst vieler, an guter Literatur zu wecken, ihnen die Quellen des Vergnügens an Literatur zu erschließen und ihnen dort Verständnishilfen zu geben, wo Literatur schwierig ist. Als Lehrer ist der Kritiker ein Vermittler zwischen Literatur und Lesern. Den Habitus eines Lehrers demonstrierte Reich-Ranicki nicht zuletzt durch die Unermüdlichkeit, mit der er sein Wissen und seine Lehrsätze wiederholte – dem altbewährten pädagogischen Motto gemäß: »Repetitio est mater studiorum.« Er selbst zitierte da lieber den Satz Mephistos: »Du mußt es dreimal sagen.«

Als Pädagoge wie auch als Türsteher oder Liebhaber ist der Kritiker zugleich Diener – Diener der guten Literatur, die ohne Leser nicht existieren kann, und Diener der Leser, die nach guter Literatur suchen. »Denn wie man die Kritik auch auffassen mag, als unzweifelhaft darf man voraussetzen, daß es ihre dringlichste, ihre vornehmste Aufgabe ist, der Literatur zu dienen.« (*AL* 143)

Den Ort des dienenden Kritikers lokalisierte Reich-Ranicki in einem Grenzbereich zwischen Journalismus und

Wissenschaft. Lessing war ihm auch da ein Vorbild. Denn »er diente der Wissenschaft mit dem Temperament des Journalisten und dem Journalismus mit dem Ernst des Wissenschaftlers«. (*AL* 30) Literaturkritik etablierte sich als Institution erst im Medium der Zeitschriften und Zeitungen. »Bis heute ist sie vor allem eine Kreuzung aus Journalismus und Wissenschaft. Gleichmäßig verteilt sind solche Kompetenzen so gut wie nie, jede kann mehr oder weniger Platz beanspruchen, doch auf keine lässt sich verzichten. Denn die Wissenschaft ohne Journalismus ist in der Kritik überflüssig – und der Journalismus ohne wissenschaftliche Voraussetzungen geradezu schädlich.« (*VT* 24)

Als Kunst mochte Reich-Ranicki Literaturkritik nicht begriffen wissen. Heines »Kunst der poetischen Charakteristik« (*AL* 116) bewunderte er zwar, sie war ihm aber kein Vorbild. Alfred Kerrs selbstbewusstes und berühmtes Diktum, wonach die Kritik neben den drei literarischen Gattungen Epik, Dramatik und Lyrik eine eigenständige vierte ist, wies er zurück. Kritik ist in Reich-Ranickis Verständnis nicht selbst Literatur, sondern hat dieser zu dienen. Kerr hatte hingegen keine Bedenken, so monierte Reich-Ranicki, die Literatur »seinem persönlichen schriftstellerischen Ehrgeiz unterzuordnen«. (*AL* 143)

Das Bild des Dieners suggeriert allerdings eine Demut, der Reich-Ranicki denkbar fernstand. Als Kritiker »diente« er der Literatur nur in einem abstrakten Sinn, nicht in ihren konkreten Erscheinungsformen. Einzelnen Autoren oder Werken verweigerte Reich-Ranicki die Dienerschaft entschieden. Goethes Forderung an eine »produktive Kritik«, dass sie, im Gegensatz zur »zerstörenden«, dem Autor helfen solle und »daß man mehr um des Autors als des Publikums willen urteilen müsse«, hielt er entgegen: »Vielleicht wäre aber auch die Ansicht zulässig, daß Kritiken zunächst einmal um der Literatur willen entstehen und mit dem Blick nicht auf den Autor, sondern auf das Publikum geschrieben werden sollten. Und daß es darauf ankomme, vor allem dem *Leser* zu helfen, und daß somit die Frage, ob auch der Autor aus der Kritik Nutzen ziehen könne, von durchaus nebensächlicher Bedeutung sei.« (*ÜL* 39)

Eine Verantwortlichkeit der Kritik für die literarische Entwicklung eines Autors wurde damit nicht zurückgewiesen. 1961 hatte Reich-Ranicki am Beispiel des Falles Wolfgang Koeppen der Literaturkritik vorgeworfen, den Romancier »von seiner eigentlichen Aufgabe weggedrängt« (*WK* 22) zu haben. Nachdem Koeppens Romane von ihr missachtet wurden, fanden seine Reiseberichte eine wohlwollende Resonanz, die ihn in eine literarische Sackgasse führte.

Reich-Ranickis Rezensionen sind, wenngleich ohne persönliche Rücksichtnahmen, durchaus auch an Autoren adressiert – gelegentlich sogar in Form offener Briefe. Mit Günter Grass oder Martin Walser stand er sein Kritikerleben lang in einem ständigen, spannungsreichen Dialog. Und über die Beziehung zwischen Kritikern und Autoren hat er sich nicht selten geäußert. Dass er insgeheim gelegentlich durchaus hoffte, Autoren mit seiner Kritik zu beeinflussen, sie also zu erziehen, hat er nicht verheimlicht. Dass daraus zuweilen sogar ein literarisches Meisterwerk erwachsen könne, sei zwar eine Illusion, aber ohne diese Illusion würde mancher Kritiker seinen Beruf nicht weiter ausüben können. Reich-Ranicki bekannte sich dazu, als 1978 Martin Walsers Novelle *Ein fliehendes Pferd* erschien, und formulierte vorsichtig seine Genugtuung darüber, dass es ihm mit seinem zwei Jahre zuvor erschienenen Verriss des »miserablen« Romans *Jenseits der Liebe* gelungen sei, zu Walsers »reifstem, schönstem und bestem Buch« beigetragen zu haben.

Im Zusammenhang mit Walser verglich er seine Rolle als Kritiker später auch mit der eines Arztes. Was er in einer Laudatio auf Walser 1981 über dessen Rezensenten sagte, bezog sich vor allem auf die eigene Person: »Gewiß, oft wurde er hart und unbarmherzig behandelt [...], aber nie ließ die Aufmerksamkeit der Kritik nach, keine seiner Niederlagen blieb unbeachtet. Ja, die seine Arbeiten begutachteten, erinnerten bisweilen an geduldige, fürsorgliche Ärzte, die sich um das Bett eines Patienten scharen – und schon ihren Blicken ließ sich ablesen, daß es sich leider um einen höchst bedenklichen Fall handelt, der aber außerordentlich bemerkenswert ist und keineswegs hoffnungslos erscheint.« (*MW* 97) Eine negative Kritik wird in dieser medizinischen Bildlichkeit zur »bitteren Pille des Tadels«. (*MW* 141) In einem der beiden Aufsätze des Bändchens *Herz, Arzt und Literatur*, die sich auf einer beeindruckend breiten Materialbasis mit Arztfiguren und dem Motiv des Herzens in der Literatur von der Antike bis zur Moderne befassen, charakterisiert Reich-Ranicki Ärzte wie Schriftsteller als »Fachleute für menschliche Leiden«. Vom Kritiker ist hier nicht die Rede, doch ein Kritiker hat die beiden Aufsätze geschrieben und reiht sich damit in die Phalanx dieser Fachleute mit ein. Eine Serie von Fernsehgesprächen über Schriftsteller des 20. Jahrhunderts erschien in gedruckter Fassung 2002 unter dem bezeichnenden Titel *Lauter schwierige Patienten*. Auf die Frage, ob man ihm in der Rolle des Arztes, »der Schriftstellern bittere Pillen verabreicht und dafür möglicherweise von diesen Patienten nicht geliebt wird«, Hochmut vorwerfen könne, antwortete Reich-Ranicki: »Der Satz ›lauter schwierige Patienten‹ ist ja nicht so schlimm, nicht so ernsthaft, sondern eher heiter gemeint.« (*LP* 11)

Mehr noch als die Bilder aus dem juristischen oder pädagogischen Bereich sind die aus der medizinischen Sphäre in der Tat von begrenztem Erkenntniswert, wenn es darum geht, den Kritikerberuf zu veranschaulichen, wie ihn Reich-Ranicki verstanden wissen will und wie er ihn tatsächlich ausübte. Auf das Wohlbefinden seiner »schwierigen Patienten« hat der Kritiker jedenfalls selten Rücksicht genommen. Solche Rücksichtnahme steht denn auch nicht in dem Katalog der Tugenden, den Reich-Ranicki für die Literaturkritik entworfen hat – nicht zuletzt als Antwort auf die ständige Kritik, der er sich selbst ausgesetzt sah. Er hat versucht, sie nicht persönlich zu nehmen, sondern sie als Symptom zu deuten – als Symptom für eine generell feindliche Einstellung gegenüber der Kritik, die den Traditionen vor- und antidemokratischen Denkens verhaftet bleibe. Reich-Ranickis permanente Selbstverteidigungen artikulieren sich als Verteidigungen der Institution Kritik gegen ihre Feinde und Verächter. Was er 1981 über Lessing schrieb, bezieht sich wiederum auf ihn selbst: »So hat er ein Leben lang für die Kritik als Institution plädiert, er hat sie verteidigt, er hat unermüdlich ihre Anerkennung gefordert.« (*AL* 31) Reich-Ranicki selbst tat dies nicht zuletzt, indem er Kritik zu einer Tugend erklärte und darüber hinaus einen Katalog von Einzeltugenden entwarf, die den guten Kritiker auszeichnen.

Allein die Kritikbereitschaft erklärte Reich-Ranicki insofern zu einer Tugend, als sie zu den wesentlichen Voraussetzungen demokratischer Gesellschaften gehört. »Freiheit und Kritik bedingen sich gegenseitig. Wie es also keine Freiheit ohne Kritik geben kann, so kann auch die Kritik nicht ohne die Freiheit existieren.« (*ÜL* 14) Den zahllosen Verächtern der Kritik, deren Stimmen Reich-Ranicki in seiner ersten großen Abhandlung über Literaturkritik ausgiebig zitierte, hielt er als warnendes Beispiel das Verbot der Kunstkritik in der NS-Zeit entgegen. Joseph Goebbels hatte es 1936 unter dem Vorwand erlassen, deutsche Genies vor den Zersetzungen der Kritik zu bewahren. Die Kunstkritik wurde durch die aufbauende »Kunstbetrachtung« ersetzt.

Die demokratische Tugend der Kritik zu verteidigen, gehört zu den Aufgaben, die die Kritik zu ihrer eigenen Selbstbehauptung übernehmen muss. Der Kritiker muss bereit sein, »Kritik der Kritik der Kritik« (*ÜL* 28) zu üben. Reich-Ranicki hat dazu, über seine sozialpolitischen Überlegungen hinaus, eine einfache Psychologie jenes Personenkreises entworfen, aus dem die Attacken gegen die Literaturkritik besonders häufig und hart zu vernehmen sind: aus dem Kreis der Schriftsteller. Sie sind, so stellte es Reich-Ranicki dar, besonders empfindliche und verletzbare Menschen. Ihre Ansichten vom Wert der Kritik hängen reflexartig davon ab, wie sie von der Kritik behandelt werden. Und an der Kritik interessiert sie im Grunde nur eines: ob sie oder ihre Konkurrenten beachtet, gelobt oder getadelt werden.

Zur Tugend der Kritik, die ihr unter den Autoren so viele Feinde einbringt, gehören nach Reich-Ranickis Einschätzung die Widerstandskraft gegenüber den Wünschen und Empfindlichkeiten der Autoren (und natürlich auch ihrer Verleger), der Mut, sich bei ihnen unbeliebt zu machen, also die Bereitschaft zur Negation. Die negative Kritik sei keineswegs destruktiv, wie ihr oft nachgesagt wird, sondern höchst produktiv. »Denn wer das Fragwürdige und Minderwertige im Vorhandenen erkennt und es artikuliert, der verweist damit gewissermaßen automatisch auf das Fehlende und das Erwünschte, auf das Bessere.« (*ÜL* 57) Schon der zu Lebzeiten vielgeschmähte und auch noch nach seinem Tod lange missachtete, von Reich-Ranicki 1989 nachdrücklich aufgewertete Aufklärer und Kritiker Christoph Friedrich Nicolai hatte die produktive Kraft der Kritik im Blick, als er schrieb: »Die Kritik ist die einzige Helferin, die, indem sie unsre Unvollkommenheit aufdeckt, in uns zugleich die Begierde nach höhern Vollkommenheiten anfachen kann.« (zitiert in *ÜL* 33)

Dass der Kritiker gegenüber einem Autor durchaus auch eine persönliche Verantwortung hat, leugnete Reich-Ranicki nicht. Seine Verrisse schrieb er jedoch in dem Bewusstsein, dass ihr Einfluss langfristig immer begrenzt ist.

> In der Tat halte ich es für ausgeschlossen, dass eine einzige Kritik einen Autor zu vernichten vermag. Es erscheinen ja über Bücher, zumal arrivierter Autoren, zahlreiche Rezensionen, und jedes Buch eines wenigstens etwas bekannten Schriftstellers findet auch solche Kritiker, die es loben. Eine einhellige Reaktion auf ein Buch gibt es beinahe nie – und eine extrem negative Kritik aus bekannter oder gar prominenter Feder hat immer auch Widerspruch zur Folge. Gewiss kommt es vor, dass die negative Kritik den Autor so entmutigt, dass er aufgibt und nichts mehr schreibt. Aber eine solche Kapitulation bewirkt

> nie *eine* Kritik oder *ein* Kritiker. [...] Noch nie ist es geschehen, dass *ein* Kritiker einen schlechten Autor auf die Dauer durchgesetzt hat, und noch nie hat *ein* Kritiker einen guten Autor verhindert. (*DB* 91)

Zu den größten Untugenden der Kritik zählte Reich-Ranicki die Anfälligkeit für das Schreiben von »Gefälligkeitskritiken«, also für Buchbesprechungen, mit denen ein Rezensent einer ihm nahestehenden Person oder einem Verlag einen Gefallen erweisen möchte und deshalb die von ihm erkannten Mängel eines Buches verschweigt oder beschönigt. Die Plage sei unausrottbar: »Wo Bücher erscheinen und rezensiert werden, da lassen sich Gefälligkeiten und Freundschaftsdienste (und natürlich auch Racheakte) nicht ausschalten; und immer werden sie – nur deshalb ist diese Frage nicht unwichtig – als sachliche und objektive Urteile getarnt.« (*ÜL* 52)

Je stärker ein Kritiker in das personelle und institutionelle Geflecht des literarischen Lebens eingebunden ist, desto schwerer lässt sich vermeiden, was um der kritischen Unbefangenheit willen zu wünschen wäre: dass er nicht Bücher von Autoren und Verlagen rezensiert, denen er persönlich verbunden ist. Der Kritiker steht in einem für seine Tätigkeit typischen Konflikt, der mit mehrfachen Risiken verbunden ist. Mit enthusiastischen Rezensionen riskiert er, als »Gefälligkeitsrezensent« in Verruf zu kommen, während negative Besprechungen seine guten Beziehungen aufs Spiel setzen. Der Kritiker kann sich in diesem Konflikt unterschiedlich verhalten: Er kann die Besprechung solcher Bücher, die ihn in diesen Konflikt bringen, vermeiden. Reich-Ranicki hat dies nur in seltenen Fällen konsequent getan. So hat er die

Bücher seines langjährigen Freundes Siegfried Lenz jahrzehntelang nicht rezensiert und sich auch sonst nicht öffentlich zu ihnen geäußert. Die berüchtigten »Verrisse« Reich-Ranickis waren hingegen vielfach auch Demonstrationen der »Unbestechlichkeit«, der Unabhängigkeit von persönlichen Rücksichtnahmen. Autoren, denen er bekanntermaßen persönlich nahestand, konnte er so ohne Gefährdung seines Rufes loben, weil sie und die Öffentlichkeit sich eines solchen Lobes nie sicher sein konnten. Kein Schriftsteller, dessen letztes Buch er lautstark gepriesen hatte, durfte sich darauf verlassen, dass sein nächstes nicht von ihm verrissen würde.

Ein älteres Beispiel dafür ist die Autorin Anna Seghers. Ihren Roman *Das siebte Kreuz* schätzte Reich-Ranicki sehr – auch aus sehr persönlichen Gründen, hatte das Buch ihn doch, als er es 1949 in den zwei Wochen seiner Inhaftierung las, dazu bewogen, sich von der Politik ab- und der Literatur wieder zuzuwenden. Ihren Roman *Transit* oder ihre Erzählung *Ausflug der toten Mädchen* bewunderte er ebenfalls. Als 1969 Seghers Erzählung *Das Vertrauen* erschien, überraschte er indes die Öffentlichkeit mit einem Urteil, wie es ablehnender kaum hätte ausfallen können: »dieses Produkt […] ist nicht nur langweilig und geschmacklos und vollkommen mißraten, es ist auch töricht und verlogen und, vor allem, obszön.« (*LV* 119) Für Autoren wie für Leser war der Kritiker Reich-Ranicki in hohem Maße unberechenbar. Das machte etwas von der Spannung aus, mit der seine Rezensionen zu Martin Walser oder Günter Grass, zu Peter Handke oder Botho Strauß oder auch zu Christa Wolf erwartet wurden.

1995 schrieb er zu Grass' Roman *Ein weites Feld*, wie schon vorher zu *Die Rättin* (»Ein katastrophales Buch«) und

Abb. 30: Mit Günter Grass 1995 bei der Buchpräsentation von *Ein weites Feld*

Abb. 31: Titel der *Spiegel*-Ausgabe vom 21. August 1995 mit der Kritik an Grass' Roman *Ein weites Feld*

Abb. 32: Beim Ehepaar Grass in Lübeck, 2003

Abb. 33 *Spiegel*-Titel, 4. Oktober 1993

Unkenrufe, einen seiner berüchtigten Totalverrisse. Grass erklärte daraufhin öffentlich: »Mit diesem Mann spreche ich nicht mehr.« Und er befand, dieser Kritiker sei durch die Macht der Medien größenwahnsinnig geworden. Umso spektakulärer war das hohe Lob, mit dem Reich-Ranicki 2002 in seiner »Solo«-Sendung die Novelle *Im Krebsgang* bedachte. Günter Grass widerlegte daraufhin die These Reich-Ranickis, die Meinung eines Schriftstellers über einen Kritiker entspreche stets der Meinung des Kritikers über dessen letztes Buch. Grass zeigte sich unversöhnlich. Reich-Ranicki, so erklärte er, »hat die Trivialisierung der Kritik herbeigeführt. [...] Er ist ein schwacher Literaturkritiker.« Der öffentlich ausgetragene Streit mit Grass konnte den Kritiker indes nicht davon abhalten, im August 2003 ein langes Lob auf den Gedichtband *Letzte Tänze* zu schreiben.

Die Entschiedenheit, mit der Reich-Ranicki in seinen Rezensionen urteilte, hatte er schon früh zu seinem Programm gemacht und, zusammen mit der Bereitschaft zur Selbstkritik, zu einer der wichtigsten Tugenden der Literaturkritik erklärt. In der »Selbstkritik des ›Blechtrommel‹-Kritikers« von 1963 stehen Sätze, die er vierzig Jahre lang ständig wiederholte – zur Selbstverteidigung und als generelle Empfehlung: »Der Kritiker muß sich entscheiden können, er hat klar ›ja‹ oder ›nein‹ zu sagen und das Risiko, das mit einem solchen Votum verbunden ist, auf sich zu nehmen. Wer dieses bisweilen große Risiko scheut, soll sich einen anderen Beruf auswählen.« (*UG* 20) Zweifel am eigenen Urteil könne der Kritiker durchaus haben, doch solle er damit den Leser nicht behelligen, sondern ihm die Ergebnisse seiner Auseinandersetzungen mit einem Buch liefern. Wie auch sonst führte Reich-Ranicki zur Bestätigung seiner Einschätzung viel gleichgesinnte Prominenz an. »Wer nicht Partei ergreifen kann, der hat zu schweigen«, so zitierte er Walter Benjamin. Und aus dessen Thesen über *Die Technik des Kritikers* fügte er den Satz hinzu: »Nur wer vernichten kann, kann kritisieren.« Bestätigung erfuhr er auch von Kurt Tucholsky, der in seinem Aufsatz »Kritik als Berufsstörung« schrieb: »Ich will dem Mann schaden, wenn ich ihn tadele. Ich will die Leser vor ihm warnen und die Verleger auch – ich will aus politischen, aus ästhetischen, aus andern offen anzugebenden Gründen diese Sorte Literatur mit den Mitteln unterdrücken, die einem Kritiker angemessen sind. Das heißt: ich habe die Leistung zu kritisieren und weiter nichts. Aber die mit aller Schärfe.« (zitiert in *ÜL* 44)

Dem »Jein-Sager« fehle der Mut zum Risiko, sich zu irren. Seine Irrtümer fallen deshalb nicht auf, weil er sich nicht festlegt und daher allenfalls halbe Irrtümer produziert. »Brechts Held, der Herr Keuner, wurde gefragt, woran er arbeite. Er antwortete: ›Ich habe viel Mühe, ich bereite meinen nächsten Irrtum vor.‹ Das gilt auch für Kritiker, jedenfalls für mich.« (*UG* 26)

Ebenso wie den Typus des »Jein-Sagers« attackierte Reich-Ranicki den Typus des konsequenten »Alleslobers«. Er fand ihn besonders häufig unter jenen Schriftstellern, die nur gelegentlich Rezensionen schreiben, sich also als »Sonntagsjäger der Kritik« betätigen. Oft sind sie es, »die unentwegt von der Entdeckung neuer Meisterwerke zu berichten wissen«. (*ÜL* 50) Reich-Ranicki hat sich auch für diese Einschätzung der Zustimmung prominenter Gewährsmänner versichert. Schon Friedrich Nicolai befand 1755: »Die Fehler der Kritik schaden lange nicht so sehr als die Lobsprüche, die sich die Schriftsteller untereinander geben.« Und

Kurt Tucholsky sprach in diesem Zusammenhang verächtlich von den »Lobesversicherungsgesellschaften auf Gegenseitigkeit«. Robert Musil kritisierte 1933, man habe »die Buchkritik zu einem großen Teil Literaten überlassen, die sich gegenseitig lobten«. Ähnlich verurteilte Friedrich Sieburg 1959 den »lauen Regen gegenseitiger Gefälligkeiten auf das dürre Gelände. Die Autoren schreiben über einander, sie preisen sich im Rundfunk, sie besprechen einander in den literarischen Rubriken ... So entsteht die feige und langweilige Jasagerei, die alljährlich mit scheinheiliger Monotonie die literarische Luft verpestet.« (alle Zitate in *ÜL* 50)

Es sind nach Reich-Ranicki vor allem die »Alleslober«, die das Vertrauen der Öffentlichkeit in die Kritik untergraben. Weil sie niemanden verärgern wollen, fehlt ihnen der Mut zur Negation. Ihre Rezensionen seien oft opportunistisch und verlogen. Da sie selten »das ganz Schlechte hochloben«, ist ihr Risiko des Irrtums gering.

Zu den Tugenden des Kritikers in der Rolle des Lehrers gehören vor allem die Bereitschaft und die Fähigkeit, so zu reden und zu schreiben, dass ihn möglichst viele Leser verstehen. Er berief sich dabei u. a. auf Fontane:

> Es komme vor allem darauf an – hat Fontane einmal gesagt –, doch wenigstens begriffen zu werden. Um die Verständlichkeit meiner Sätze bemüht, habe ich mir oft mit einem Fremdwörterbuch geholfen – auf der Suche nach deutschen Entsprechungen, die ich statt der sich aufdrängenden Fremdwörter verwenden könnte. Um das, was ich sagen wollte, erkennbar und faßbar zu machen, habe ich mir häufig erlaubt zu übertreiben und zu überspitzen. Ich bin überzeugt: Gute Kritiker haben immer um der Verdeutlichung willen vereinfacht, sie haben

> oft das, was sie mitzuteilen wünschten, auf des Messers Schneide gebracht und auf die Spitze getrieben, damit es einsichtig und klar werde. (*ML* 435 f.)

Die Tugend der Verständlichkeit, die sich vor Vereinfachungen nicht scheut, haben die großen Kritiker der Vergangenheit, wie Reich-Ranicki gerne betonte, sich nicht zuletzt deshalb aneignen müssen, weil sie für Zeitungen schrieben. Denn Zeitungen haben als Adressaten ein breites Publikum. Wer für Zeitungen schreibt, ist dazu angehalten, sich diesem Publikum verständlich zu machen.

Zur Kardinaltugend des Kritikers erklärte Reich-Ranicki jedoch die Liebe zur Literatur. »Letztlich ist es ja die Liebe zur Literatur, diese mitunter sogar ungeheuerliche Leidenschaft, die es dem Kritiker ermöglicht, seinen Beruf auszuüben, seines Amtes zu walten. Und bisweilen mag es diese Liebe sein, die anderen die Person des Kritikers erträglich und in Ausnahmefällen sogar sympathisch macht. Man kann es nicht oft genug wiederholen: Ohne Liebe zur Literatur gibt es keine Kritik.« (*ML* 437) Bei Reich-Ranicki nahm diese Liebe oft obsessive Dimensionen an. Das ist durch anschauliche und komische Anekdoten bezeugt. Freunde und Bekannte erzählten wiederholt und amüsiert, wie er sich auch durch schönste und großartigste Naturerscheinungen nicht von seinen augenblicklichen Interessen an literarischen Fragen ablenken ließ. Adolf Muschg erinnerte ihn zu seinem 60. Geburtstag daran, wie er ihn 1968 in den USA zu den »Taughannock Falls« führte, dem höchsten Wasserfall East of Niagara:

Wir gingen zwanzig Minuten in den Wäldern Lederstrumpfs; die malerische Schlucht schien Ihren Überblick über die jüngste deutsche Literatur nicht im geringsten zu behindern. Schließlich mußte ich Sie darauf aufmerksam machen, daß der Weg am Ende sei: wir ständen vor dem Wasserfall. [...] Da fiel er nun also, der Fall, wohl hundert Meter hoch oder tief in einen Felsenkessel, etwas Besseres wusste er nicht. Sie musterten ihn kurz und scharf. Müßte etwas weiter links fallen, sagten Sie. Sagten es und wendeten auf dem Fuß, um die deutsche Literatur weiter zu verfolgen. Die durfte in Ihren Augen nicht weiter links fallen. Die unbelehrbare Natur war eine Sache, die deutsche Literatur eine andere. Sie ließen keinen Zweifel daran, welche Sie für die Hauptsache hielten. (*LK* 51 f.)

DIE LITERATURKRITISCHE PRAXIS

Reich-Ranickis Tugendkatalog für Literaturkritiker war der Versuch, seine eigene literaturkritische Praxis zu beschreiben und zu rechtfertigen. Der Mut zur Entschiedenheit und Negation, die Fähigkeit, sich im Grenzbereich von Journalismus und Literaturwissenschaft verständlich zu machen, die Rücksichtslosigkeit gegenüber Autoren und Verlagen sowie die Leidenschaft für Literatur wurden ihm sogar von seinen Kritikern bescheinigt.

Als Markenzeichen für den von Reich-Ranicki praktizierten Rezensionsstil gilt der »Verriss«. Dazu hat seine Auswahl negativer Kritiken beigetragen, die seit 1970 in mehreren Auflagen unter dem Titel *Lauter Verrisse* erschien. Die Resonanz dieses Buches und sein Verkaufserfolg stellten jenes andere Buch, das als positive Entsprechung zu ihm gelten kann, weit in den Schatten: *Lauter Lobreden*. Die vielen enthusiastischen Kritiken, die er ebenfalls schrieb, konnten nicht verhindern, dass er als ein Mann literarischer Hinrichtungen gilt.

Reich-Ranickis Verrisse folgten der Devise, die im 18. Jahrhundert schon Lessing ausgegeben hatte: »Einen elenden Dichter tadelt man gar nicht; mit einem mittelmäßigen verfährt man gelinde; gegen einen großen ist man unerbittlich.« Wenn Reich-Ranicki über junge und noch weitgehend unbekannte Schriftsteller schrieb, hatten seine Artikel in der Regel einen lobenden Tenor. Und die negative Besprechung von Büchern, die er eigentlich nicht für kritikwürdig hielt, rechtfertigte er mit dem Rang des Autors. Nur weil die Erzählung *Die linkshändige Frau* von dem »beliebten und auch in mancherlei Hinsicht repräsentativen Nachwuchsdichter Peter Handke stammt, müssen wir auf dieses erstaunlich harmlose Prosastück [...] etwas näher eingehen«. (*E* 396 f.) Ähnlich argumentierte er gleich zu Beginn seines Verrisses von Martin Walsers Roman *Jenseits der Liebe*: »Lohnt es sich darüber zu schreiben? Ja, aber bloß deshalb, weil der Roman von Martin Walser stammt.« (*E* 175)

Im Zentrum der meisten literaturkritischen Artikel, die Reich-Ranicki geschrieben hat, steht ein einzelnes Buch, doch zu den Ansprüchen seiner Rezensionen gehörte es, über mehr als dieses Buch zu reflektieren: über die Qualitäten und Entwicklungen des ganzen Œuvre eines Autors oder auch über Problemkomplexe, deren Bedeutung über die eines einzelnen Schriftstellers hinausreicht. Kritik, so erklärte er, »bezieht sich immer auf einen konkreten Gegenstand – und nie auf diesen Gegenstand allein. Indem der Kritiker ein Buch charakterisiert, indem er es befürwortet oder zurückweist, spricht er sich nicht nur für oder gegen einen Autor aus, sondern zugleich für oder gegen eine Schreibweise und Attitüde, eine Richtung oder Tendenz, eine Literatur. Er sieht also das Buch, das er behandelt, immer in einem bestimmten Zusammenhang. Er wertet es als Symptom.« Und hinter jeder Kritik verberge sich »ein Bekenntnis, dem sich mehr oder weniger genau entnehmen läßt, welche Art Literatur der Kritiker anstrebt und welche er verhindern möchte«. (*ÜL* 54)

KRITERIEN UND ARGUMENTE DER WERTUNG

Jede Debatte über Literaturkritik ist immer auch eine über deren »Maßstäbe« oder »Kriterien«. Und stets steht der Vorwurf im Raum, die Literaturkritik versäume es, über ihre Maßstäbe Auskunft zu geben oder sie zu reflektieren. Sie urteile daher mit unkontrollierter Willkür. Solchen Vorwürfen oder auch denen, die ihm falsche Maßstäbe vorhalten, begegnete Reich-Ranicki mit Bekenntnissen zu einer Kritik, die auf allgemein verbindliche Normen verzichten muss und sich lediglich der Konfrontation einer individuellen Person mit einem Buch verdankt. »Ein Kritiker mit einer Messlatte – das ist ein Unglück, eine Katastrophe.« (*DB* 78) Keinem Kritiker unserer Zeit lasse sich nachsagen, dass er auf eine bestimmte Ästhetik eingeschworen sei und über konstante Normen verfüge. »Um die Schulen und Richtungen, Tendenzen und Strömungen kümmerte er sich wenig, die Theorien waren ihm offenbar gleichgültig, wenn nicht suspekt.« (*AL* 180) Diesen Satz schrieb Reich-Ranicki über Alfred Polgar – und implizit wiederum über sich selbst.

Ähnliche Feststellungen finden sich in etlichen anderen Kritikerportraits des Bandes *Anwälte der Literatur*, etwa in dem über Alfred Kerr. Dieser »lehnte alle Dogmen und Doktrinen ab«. (*AL* 139)

Da es kein Gesetzbuch gibt, auf das sich ein Kritiker berufen kann, muss jeder seine Kriterien, so Reich-Ranicki, »aus dem zur Debatte stehenden Gegenstand ableiten« und kann die literarischen Werke ansonsten »nur durch die Konfrontation mit der eigenen Person messen«. Das bedeutet in der Praxis: »Ich reagiere mit meiner ganzen Person auf ein neues Buch, das heißt, mit Bildung und Erfahrung, mit meinen Erlebnissen und meinen Vorlieben, meinen Schwächen, Tugenden und Untugenden.« (*DB* 79)

Ganz so frei von Maßstäben überindividueller Geltung, wie es nicht nur Reich-Ranicki von seiner Arbeit behauptete, ist die literaturkritische Praxis jedoch nicht. In der Regel lassen sich Maßstäbe aus jedem Werturteil problemlos ablesen. Und jedes Werturteil erhebt in der Regel den Anspruch, dass es, wenn auch nicht von allen, so doch von vielen anderen Leserinnen und Lesern nachvollzogen und geteilt werden kann. Wenn Reich-Ranicki beispielsweise dem Roman *Efraim* von Alfred Andersch vorhielt, »ein Klischee jagt das andere« (*LV* 44), so appellierte seine Besprechung an einen Konsens darüber, dass ein literarisches Werk keine Klischees reproduzieren sollte. Oder wenn er an Thomas Bernhards frühen Erzählungen kritisierte, dass die »Anhäufung makabrer Motive« auf die Dauer »ermüdet«, dann setzte diese Argumentation voraus, dass auch andere Leser sich durch Literatur nicht ermüden lassen wollen und die Erfahrung teilen, durch Anhäufungen gleicher Motive ermüdet zu werden.

Weit problematischer als die Maßstäbe sind an literaturkritischen Wertungen in der Regel deren Anwendungen auf bestimmte Texte. Umstritten ist nicht, dass ein Werk Klischees und Effekte der Ermüdung vermeiden sollte, sondern ob es Klischees enthält und ermüdend wirkt. Vor allem in der Anwendung von Maßstäben auf konkrete Fälle ist die Kritik durchlässig für individuelle Vorlieben.

Reich-Ranickis Vorstellungen zur Funktion von Literatur haben sich im Laufe seines Kritiker-Lebens erheblich gewandelt. Im ersten Jahrzehnt seiner literaturkritischen Tätigkeit in der Bundesrepublik bekannte er sich zu einer »engagierten Literatur«, wie sie damals von den linksliberalen und sozialistischen Intellektuellen unter den deutschsprachigen Schriftstellern, zum Teil in Anlehnung an Jean-Paul Sartres Begriff einer »littérature engagée«, vielfach gefordert wurde: »Ich bin Anhänger einer engagierten Literatur. Ich glaube, daß Schriftsteller sich nicht damit begnügen dürfen, das Leben mit reizvollen Arabesken zu schmücken und allerlei Ornamente beizusteuern. Ich glaube, daß es ihre Hauptaufgabe ist, bewußt in einer bestimmten Richtung zu wirken, also auf ihre Zeitgenossen Einfluß auszuüben. Daher suche ich in der Literatur, zumal in der erzählenden Prosa, vor allem die Auseinandersetzung mit den großen moralischen Fragen der Gegenwart.« Wer von der Literatur erwarte, dass sie sich engagiert, müsse dies ebenfalls vom Kritiker fordern: »Auch den Kritiker verpflichtet die Auseinandersetzung mit den zentralen moralischen, philosophischen und ideologischen Problemen unserer Zeit.« (*UG* 20) Ein »Preisnachlaß für die künstlerische Leistung« dürfe dem engagierten Schriftsteller freilich nicht gewährt werden.

Nicht zuletzt die kunstfeindlichen Tendenzen in den Jahren der Studentenbewegung haben Reich-Ranickis Forderungen nach engagierter Literatur gebremst. »Gegen die linken Eiferer« heißt ein 1973 erschienener Artikel über Heinrich Bölls Nobelpreis-Rede. Ein »Klima militanter und düsterer Kunstfeindschaft« habe dazu geführt, »daß wir, die wir immer schon für das Engagement in der Dichtung waren und die wir die Gesellschaftskritik in der Literatur für etwas Selbstverständliches hielten, das Wort ›Gesellschaftskritik‹ nicht mehr verwenden können«. (*NL* 62) In einer größeren Rückschau auf die Literatur der siebziger Jahre sympathisierte er, im Blick vor allem auf autobiografische Werke von Max Frisch, Wolfgang Koeppen und Thomas Bernhard, mit einer Literatur, die sich durch ihren »zeitkritischen Psychologismus« auszeichne. »Die psychologische Analyse dient in diesen Romanen, Erzählungen und Autobiografien der Auseinandersetzung mit der Welt, in der wir leben. Introspektion und Zeitkritik bedingen und beglaubigen sich gegenseitig, das intime Papier ist zugleich [...] das öffentlich kritische.« (*E* 33)

Seit den achtziger Jahren findet sich das Wort »kritisch« als Auszeichnung von Literatur in seinen Rezensionen kaum noch. Der Literatur wies Reich-Ranicki seither vor allem zwei Funktionen zu, die auch seine Autobiografie immer wieder hervorhebt. Im Werk Max Frischs finden wir, so erklärte er, »was wir alle in der Literatur suchen: unsere Leiden. Oder auch: uns selber«. (*ML* 526)

Eine andere Funktion der Kunst betonte er jedoch noch weit stärker: uns Freude, Vergnügen und Glück zu verschaffen. Die Ambitionen »engagierter« Literatur und Kunst verfielen zunehmend dem Verdikt des Illusionären. Bei aller

Verehrung für den großen Geigenspieler Menuhin hält Reich-Ranicki in seiner Autobiografie dessen Versuche, die Violine zu einer Waffe gegen das Unrecht auf dieser Erde zu machen, für eine Illusion. In *Mein Leben* beruft er sich auf eine Antwort Thomas Manns auf die Frage nach dem eigentlichen Ziel seiner Arbeit: »Ich sage einfach: Freude.« (zitiert in *ML* 532) Die Hoffnung, man könne durch Literatur die Menschen erziehen und die Welt verändern, habe die Geschichte der Literatur gründlich enttäuscht.

1986 legte er in seinem Gespräch mit Peter von Matt die hedonistische Grundlage seiner Bewertungspraxis offen. Peter von Matt bot ihm drei mögliche Antworten auf die Frage nach den Funktionen von Literatur an: »Literatur vermittelt Wahrheit, die Wahrheit über die Welt und die Menschen. Das ist die eine Möglichkeit, die philosophische. Literatur zeigt mir, wie ich leben soll und schreckt mich von dem falschen Weg ab. Das ist die zweite, die pädagogische Definition. Drittens: Literatur verschafft mir Lust und Vergnügen. Das ist die epikureische Definition. Sie verschafft mir Denkvergnügen, Spiellust, erotisches Vergnügen, Lust als Aggressionsabfuhr usw. Alle drei Möglichkeiten können sehr simpel oder sehr hoch entwickelt sein. Wahrheit, Erziehung oder Lust, wo liegt für Sie das Hauptgewicht?« Reich-Ranicki antwortete: »Beim Vergnügen, bei der Lust. Ich entscheide mich also für die epikureische Definition.« (*DB* 75 f.)

Die Konsequenzen dieser Entscheidung für die literaturkritische Wertung fasste Peter von Matt so zusammen: »Das Lust- oder Unlustgefühl, das der Text in Ihnen weckt, ist entscheidend für alles, was nachher passiert.« Das sei zwar etwas überspitzt formuliert, entgegnete Reich-Ranicki, »aber der Ausgangspunkt meiner Kritik ist damit richtig angedeutet.« (*DB* 77) In seiner Dankrede zur Verleihung des Ludwig-Börne-Preises für Essay, Kritik und Reportage, gehalten am 5. November 1995 in der Frankfurter Paulskirche, betonte er entschiedener: »Was erwarten, was erhoffen, was verlangen wir eigentlich von der Literatur? Daß sie die Welt verändere und uns alle erziehe und uns helfe, edel, hilfreich und gut zu sein? Daran habe ich einst tatsächlich geglaubt. Es ist lange her. Und heute? Was will ich denn heute? Nicht mehr und nicht weniger, als daß die Literatur Freude bereite und vielleicht noch ein wenig Glück. Und daß es mir möglich sei, auch andere an dieser Freude, an diesem Glück teilnehmen zu lassen.« (*VT* 36)

Mit dem Bekenntnis zur Lust oder Unlust am literarischen Text als Basis literaturkritischer Wertung steht Reich-Ranicki in Traditionen poetologischen und ästhetischen Denkens, die bis in die Antike zurückreichen, im 18. Jahrhundert neu entdeckt und weitergeführt wurden und noch heute in literaturwissenschaftlichen Wertungstheorien eine zentrale Bedeutung haben.

Kant erklärte gleich zu Beginn seiner *Kritik der Urteilskraft* das Gefühl der Lust oder der Unlust zur Basis aller ästhetischen Urteile. Nach »Vorrede« und »Einleitung« beginnt die *Kritik der Urteilskraft* mit dem Satz: »Um zu unterscheiden, ob etwas schön sei oder nicht, beziehen wir die Vorstellung nicht durch den Verstand auf das Objekt zum Erkenntnisse, sondern durch die Einbildungskraft [...] auf das Subjekt und das Gefühl der Lust oder Unlust desselben.«

Bloße Bekundungen der Lust oder Unlust reichen allerdings für eine Literaturkritik, die ihren Namen verdient, nicht aus. Es müssen Gründe für sie gefunden, also Hinweise gegeben werden, aufgrund welcher Eigenschaften ein literarischer Text Lust- oder Unlustgefühle hervorruft. »Einem Menschen von gesundem Verstande, wenn man ihm Geschmack beibringen will, braucht man es nur auseinanderzusetzen, warum ihm etwas nicht gefallen hat.« So hatte Lessing diese Notwendigkeit formuliert. Reich-Ranicki beschrieb den Prozess der literaturkritischen Urteilsbildung so: »Schon während der ersten Lektüre bereitet mir das Buch Vergnügen oder es langweilt mich, ich bin an der Sache stark interessiert oder sie lässt mich kalt, ich bin begeistert oder entsetzt. Erst etwas später mache ich mir Gedanken über die Ursachen meines Verhältnisses zu diesem Text. Die notwendigen Argumente sind nicht immer gleich da, aber sie lassen sich schon finden.« (*DB* 76 f.)

Zwei Arten von Argumenten sind dabei in der literaturkritischen Praxis besonders verbreitet und gehören zu den Mindestanforderungen an eine Werturteilsbegründung. Der Kritiker muss zum einen *Merkmale* und zum anderen *Wirkungen* eines literarischen Werkes (auf ihn selbst und vermutlich auch auf andere Leser) beschreiben, aufgrund derer er es positiv oder negativ bewertet. Und er versucht dabei die Frage zu beantworten, aufgrund welcher Merkmale der Text welche positiven oder negativen Wirkungen hervorruft. Als Marcel Reich-Ranicki beispielsweise 1984 den Roman *Der junge Mann* von Botho Strauß negativ bewertete, begründete er dies zum einen mit dem Wirkungsargument, der Roman rufe bei der Lektüre Langeweile hervor. Diese Wirkung wiederum begründete er zum anderen mit Hinweisen auf Textmerkmale: »Warum? Weil uns der Autor des ›Jungen Mannes‹ mit Zeichen, Sinnbildern und Symbolen, mit allegorischen Motiven, bizarren Visionen und mythologischen Anspielungen überhäuft, diesen Elementen aber Sinnlichkeit, Anschaulichkeit und Überzeugungskraft abgehen.« (*FAZ*, 1.12.1984)

Reich-Ranickis Wirkungsargumente verwenden, soweit sie sich auf Unlustgefühle beim Lesen beziehen, mit Vorliebe Wörter wie »langweilen« oder »ermüden«. »Peinlich«, »ärgerlich« oder »quälend« sind weitere Vokabeln der Abwertung, die er gerne benutzte. Bei Bernhards frühen Erzählungen konnte der Kritiker nicht verschweigen, dass der Autor »häufig, wo er erschüttern will, nur noch ermüdet«. (*LV* 56) Positiv wurden Texte bewertet, die eine starke emotionale Wirkung bestimmter Art haben, die »aufschrecken«, »erschüttern«, die »unvergesslich« bleiben.

Als Gründe für die Unlustgefühle zum Beispiel der Langeweile können unterschiedlichste Eigenschaften der Texte angeführt werden: zu viele Wiederholungen und Anhäufungen gleicher Motive (z. B. beim frühen Bernhard), Klischees, umständliche Formulierungen, zu viele und noch dazu wenig intelligente Reflexionen.

Die so benannten Eigenschaften der Texte versuchte Reich-Ranicki in der Regel mit exemplarischen Zitaten oder Paraphrasen zu belegen. In Alfred Anderschs »peinlichem« Roman *Efraim* jage ein »Klischee« das andere. Das wird nicht nur behauptet, sondern sogleich mit Beispielen begründet: Der deutsche Verleger ist dort blond, der jüdische Journalist »von Unrast beherrscht«, der enttäuschte Kommunist hat ein »von Leiden ausgehöhltes Gesicht«. Und, so der Kritiker: »In Rom ist es trocken und sonnig, in London feucht grau und neblig.« (*LV* 44)

Die Grundbestandteile literaturkritischer Argumentation finden sich trotz der Umfangsbeschränkungen, die für Rezensionen gelten, in nahezu allen Artikeln von Reich-Ranicki. Sie erschöpfen sich nicht in bloßen Lust- oder Unlustbekundungen, sondern führen Gründe dafür an, die um das Einverständnis der Leser bemüht sind oder ihm Möglichkeiten geben, die Bewertung zurückzuweisen. Der Subjektivität und individuellen Willkür des Kritikers sind damit Grenzen gesetzt, doch bleiben Spielräume für persönliche Vorlieben.

Die Subjektivität seiner Vorlieben hat Reich-Ranicki nie bestritten. In Anlehnung an Fontane formulierte er das seiner Auffassung nach einzig aufrichtige Bekenntnis des Kritikers folgendermaßen: »Wenn es ihm an Mut nicht fehlt, wenn er etwas taugt [...], dann antwortet er, zumal in unserer Zeit: Die Maßstäbe, die Kategorien und die Kriterien – das bin ich.« (*AL* 122) »Von Fall zu Fall« (*AL* 28, 154) habe der Kritiker dabei zu urteilen. Seine persönlichen Maßstäbe der Wertung stehen jedoch nicht schon vor der Lektüre fest, sondern entwickeln sich aus der Konfrontation mit den Anforderungen und Gegebenheiten des jeweiligen Werkes.

Reich-Ranicki schätzte eine Literatur, die ihre Leser weder unter- noch überfordert. Sein kritisches Engagement galt dem »intelligenten, dem gehobenen Unterhaltungsroman« (*DB* 61). Für jene massenhaft verbreitete Unterhaltungsliteratur, die man auch als »Trivialliteratur« bezeichnet, hatte er kein Interesse. Ihr fehle der »doppelte Boden«, ohne den bessere Literatur nicht auskomme: »Wenn einem Text die Zeichenhaftigkeit fehlt, dann ist er keine Literatur, der doppelte Boden muss vorhanden sein.« (*DB* 44)

Deutliche Vorlieben zeigte er auch hinsichtlich der literarischen Figuren und Stoffe. Wie Lessing bevorzugte er solche literarische Figuren, die ihm Möglichkeiten zur Identifikation boten. Im »Literarischen Quartett« erklärte er wiederholt: »Ich habe gerne intelligente Figuren, ich lese ungern Bücher über Doofköppe.« (19. Oktober 2001) Oder: »Ich interessiere mich für Liebesgeschichten von Intellektuellen. Die Liebesgeschichten von Bauern können vielleicht auch sehr aufregend sein, aber das ist nicht ganz mein Fach.« (10. Oktober 1991) In der Rezension zu Günter Grass' Roman *Ein weites Feld* heißt es: »Wer in den Mittelpunkt eines Romans einen dummen Menschen stellt, muß damit rechnen, daß dessen Dummheit sich ausbreitet und das Ganze infiziert.« (*UG* 163) Auch an Kinder- oder Tierfiguren in der Literatur fand er in der Regel wenig Gefallen.

Im Zusammenhang mit seinen Vorlieben für erwachsene und intelligente Protagonisten standen seine literaturkritischen Berufungen auf den »gesunden Menschenverstand«, der in Deutschland bedauerlicherweise oft belächelt oder gar verachtet worden sei. In einem kulturellen Umfeld, in dem die Literatur ihn missachte, da habe die Kritik einen schweren Stand. »Wo man aber die Dämmerung und das Geheimnisvolle mehr liebt als die Klarheit und das Nüchterne, wo man der Beschwörung mehr traut als der Analyse, wo man die Denker vor allem dann schätzt, wenn sie dichten, und die Dichter, wenn sie nicht denken, und wo man andererseits eine hartnäckige Schwäche für das Abstruse und Konfuse, für das Tiefsinnige oder, richtiger gesagt, für das Scheinbar-Tiefsinnige hat, da freilich kann kein Platz für die Kritik sein, da muß sie als etwas Lästiges und auch Anstößiges erscheinen.« (*ÜL* 42)

Bei aller Hochschätzung war ihm Hölderlin vor allem da suspekt, wo er allzu häufig das Wort »heilig« verwendet, wo er die Poesie zur Religion erhebt oder wo er den »Tod fürs Vaterland« besingt. Suspekter noch waren ihm jene Formen der anbetenden Dichterverehrung, wie sie der Kreis um Stefan George Hölderlin entgegenbrachte. Einige Zeitgenossen Hölderlins, die dessen Krankheit zum »heiligen Wahnsinn« verklärten, machte er für die Tendenz verantwortlich, »sachliche, prosaische Ausdrücke für Hölderlins Leiden zu meiden«. (*VT* 110) Wenn Reich-Ranicki unter dem Titel »Wie von Furien gejagt: Hölderlin« auf die Krankheit dieses Dichters zu sprechen kommt, neigt er dazu, negative Bewertungen von Texten mit Hinweisen auf psychische Probleme des Autors zu verbinden und sie damit zu begründen. Hölderlin sei »genial, doch leider weltfremd und letztlich lebensunfähig« gewesen (*VT* 111). Dem Intellekt Hölderlins sei es nicht gelungen, »seinen poetischen Genius hinreichend zu kontrollieren«. (*VT* 118) So entstehe der Eindruck, dass die kunstvolle »Wortmusik« dieses Dichters, die den Leser »narkotisiert und vielleicht sogar entmündigt«, dem »Wert seiner Erkenntnisse haushoch überlegen ist«. (*VT* 118) Ähnliche Bemerkungen über den pathologischen Verlust der Selbstkontrolle, über den Zusammenhang von psychischen und literarischen Schwächen finden sich in kritischen Auseinandersetzungen mit etlichen anderen Autoren, besonders ausgeprägt in dem neueren, 2000 und 2001 entstandenen Aufsatz über Robert Musil mit dem bezeichnenden Titel »Der Zusammenbruch eines großen Erzählers«. Die Bewertung von Texten und die von Persönlichkeitsmerkmalen des Autors ergänzen und bestätigen sich hier gegenseitig. An Musils großem und fragmentarischem Roman *Der Mann ohne Eigenschaften* werde besonders deutlich, »was dem Autor Musil am meisten gefehlt hat: Selbstkontrolle«. (*SW* 181) Wobei der Mangel an Selbstkontrolle mit »Unsicherheit« und »Unentschlossenheit« einhergehe. Das Scheitern des Romanprojekts habe seinen wichtigsten Grund in einer »teilweise pathologischen Mentalität«. Die »schmerzliche« und »verdrießliche Lektüre« von Musils Tagebüchern und Briefen bestätige: Musil »war ein unglücklicher Mensch, einerseits willensstark und andererseits sehr schwach, extrem introvertiert und offensichtlich manisch veranlagt, auf jeden Fall ein Besessener, ein Fanatiker. Von Obsessionen wurde er gejagt und gehetzt – und konnte sich ihrer meist nicht erwehren. Mehr noch: Vieles weist darauf hin, daß Musil bisweilen in hohem Maße verwirrt war.« (*SW* 156)

Reich-Ranickis aufklärerische Berufungen auf den »gesunden Menschenverstand« erscheinen da besonders problematisch, wo die Hochschätzung des »Gesunden« an diesem Verstand mit Abwertungen des »Kranken« einhergeht. Dass er damit in bedenkliche Nähe sowohl nationalsozialistischer als auch sozialistischer Verdikte gegen kranke, »entartete« oder »dekadente« Kunst oder auch von Goethes berühmt-berüchtigten Urteilen über die »kranke« Romantik geriet, hat man ihm wiederholt vorgeworfen – ohne zu sehen, worin sich seine Argumentationen und Vorlieben von solchen Verdikten grundlegend unterscheiden. Die Hochschätzung des »gesunden Menschenverstandes« verleitete ihn allerdings mehrfach dazu, auch über psychische Deformationen literarischer Figuren in Werken zu spotten, die er missbilligte. Dem altehrwürdigen, von der Poetik des Aristoteles formulierten und von der frühaufklärerischen Literaturkritik eines Gottsched neu vorgetragenen Postulat, dass die literarische Darstellung von Geschehnissen und

Verhaltensweisen sich an Regeln der Wahrscheinlichkeit orientieren solle, zeigen sich viele seiner Wertungen verbunden. Literatur soll dieser Regel nach die Wirklichkeit zwar nicht nachbilden, aber das Geschehen doch so darstellen, wie es sich in der Wirklichkeit ereignen könnte. In der Kritik von Handkes Erzählung *Die linkshändige Frau* zitiert Reich-Ranicki den Satz: »Bruno hatte den Arm um sie gelegt. Dann lief er weg und schlug einen Purzelbaum auf dem hartgefrorenen Rasen.« Es folgt der Kommentar: »Ich fürchte, der Mann ist nicht ganz in Ordnung.« (*E* 399) In einer anderen Passage der Erzählung, in der Bruno auf der Straße von seiner Frau begleitet wird, steht der Satz: »Plötzlich blieb Bruno stehen und legte sich auf die Erde, mit dem Gesicht nach unten.« Reich-Ranicki zitiert ihn und fügt hinzu: »Unter diesen Umständen scheint die Unterbringung Brunos in einer psychiatrischen Anstalt nötig, was freilich Handke zu vermerken unterlassen hat.« (*E* 402)

Auch Reich-Ranickis Vergleiche der Kritikerrolle mit der des Arztes haben in diesem Zusammenhang etwas Bedenkliches. Es ist jedoch nicht zu übersehen, wie sehr er gerade auch solche Autoren und Texte schätzte, für die – wie schon bei dem von ihm bewunderten Thomas Mann – Themen und Motive der Krankheit konstitutiv sind: Hermann Burger, Thomas Bernhard und viele andere. In einem kleinen Portrait über Thomas Bernhard, das nicht lange Zeit nach dem Musil-Essay entstand, stehen die keineswegs abwertend, sondern respektvoll gemeinten Sätze: »Bernhards Arbeiten sind Berichte eines Leidtragenden, Konfessionen eines Besessenen. Und was immer er erzählt hat, sind Krankheitsgeschichten. Seine bohrende und hartnäckige Teilnahme galt den Gefährdeten und den Verlorenen, den Menschen, die vom Sog der Abgründe erfasst werden. Verbrecher und Wahnsinnige bevölkern seine Szene, Psychopathen und Neurastheniker, Mörder, Selbstmörder und Sterbende.« (*MB* 333)

Die von Reich-Ranicki geschätzten Autoren und literarischen Figuren sind keine starken, strahlenden und psychisch robusten Helden, wie sie der sozialistische Realismus forderte, sondern Leidende. Autoren haben uns, so wiederholte er oft, vor allem eines zu bieten: »ihre Leiden. Von ihnen sprechend, sprechen sie von unser aller Leiden« (*MG* 22) und lassen uns mit unserem Leiden nicht allein. Das Leiden müsse allerdings in ihren Figuren so dargestellt werden, dass es für andere verständlich und nachvollziehbar sei. Die literarische Figurendarstellung kritisierte Reich-Ranicki regelmäßig da, wo sie nicht lebendig wirkende Charaktere entwickelt, sondern künstlich und konstruiert erscheinende Ideenträger, wo sie »Marionetten« hervorbringt, die dem Leser die Möglichkeit verweigern, sich mit ihnen zu identifizieren. An Grass' Roman *Örtlich betäubt* bemängelte er, dass der Autor hier »statt Menschen« lediglich »Schemen« und »primitive Demonstrationsobjekte« vorführe. Die Figuren in dem Roman *Ein weites Feld* kritisierte Reich-Ranicki später ähnlich als bloße Konstrukte.

An Reich-Ranickis Kritiken zu Günter Grass lassen sich exemplarisch weitere Maßstäbe ausmachen, die seine Rezensionspraxis mehr oder weniger konsequent bestimmten. An beiden genannten Romanen bemängelte er wie in vielen anderen Fällen das Fehlen einer »Ganzheit«. »Früher habe ich es bedauert, daß Ihnen in Ihren Romanen (anders als in Ihren glänzenden Erzählungen ›Katz und Maus‹ und ›Das Treffen in Telgte‹) keine Ganzheit gelingen will, daß Sie meist nur Bilder, Szenen und Episoden aneinanderreihen. Jetzt bedauere ich, daß wir in dem ›Weiten Feld‹ derartige in sich geschlossene Abschnitte vergeblich suchen.« Der ästhetisch modernen Tendenz zur fragmentierenden Destruktion jener organischen Einheit und Ganzheit, die von der klassischen Ästhetik gefordert wurde, war Reich-Ranicki nicht bereit zu folgen. Seine Beobachtung, dass zeitgenössische Romanautoren selten die Fähigkeit haben, Texte großen Umfangs überzeugend zu strukturieren, verleitete ihn dazu, auf ironisch überspitzte Weise zu prognostizieren, dass Romane mit mehr als 500 Seiten schlecht seien.

An Normen der klassischen Ästhetik sind auch Reich-Ranickis Postulate der Schönheit, sinnlichen Anschaulichkeit und kontrollierten Distanz zu Affekten orientiert. Aus Schillers Rezension zu Bürgers Gedichten zitiert er in dem Verriss des 781 Seiten umfassenden Romans *Ein weites Feld* die Warnung, »mitten im Schmerz den Schmerz zu besingen«. Goethes Gedichtzeile »Bilde, Künstler, rede nicht!« zitierte er gerne, wenn er an Romanen oder Erzählungen monierte, dass dort zu viel reflektiert wird und essayistische Passagen zu sehr dominieren. Dem Roman von Grass, in dem wenig geschieht und »Hunderte von Seiten mit Reflexionen und Mitteilungen, mit Diskussionen und Briefen« (*UG* 157) angefüllt sind, sei es nicht gelungen, »Gedankliches ins Sinnliche zu übertragen, Geistiges also sichtbar und anschaulich zu machen«. Was der Autor über das heutige Deutschland zu sagen habe, werde »nur behauptet und nicht erzählt, nur verkündet und nicht gezeigt«. (*UG* 162)

Reich-Ranickis Grass-Kritik ist neben einer ästhetischen zu weiten Teilen auch eine an politischen Maßstäben orientierte Kritik, und zwar in doppelter Hinsicht. Zum einen entspricht der Roman mit seinem politischen Engagement nicht Reich-Ranickis gewandelten Vorstellungen darüber, was Literatur leisten kann und soll. Aufgrund seiner politischen Interessen, so legt die Rezension nahe, versagt der Roman literarisch. Zum anderen entsprachen auch die politischen Inhalte des Romans nicht den Vorstellungen des Rezensenten:

> Ich möchte nicht mit Ihnen über Ihre politischen Ansichten, die ich, verzeihen Sie, nicht immer ganz ernst nehmen kann, hier diskutieren. Es ist nicht meine Sache, Sie über die DDR zu belehren. Aber es ist mein Recht, mich zu wundern. Sie wissen so gut wie ich, daß das SED-Regime Millionen Menschen unglücklich gemacht, daß es Unzähligen, darunter, beispielsweise, unseren Kollegen Walter Kempowski und Erich Loest, Jahre ihres Lebens geraubt hat. Sie wissen, besser als ich, daß und wie die Literatur in diesem Land unterdrückt wurde. Sie wissen sehr wohl, daß die DDR ein schrecklicher Staat war, daß hier nichts zu beschönigen ist. Doch Ihr Roman kennt keine Wut und keine Bitterkeit, keinen Zorn und keine Empörung. Ich gebe zu, ich kann das nicht begreifen, es verschlägt mir den Atem. (*UG* 164)

Schon Grass' Roman *Örtlich betäubt* hatte Reich-Ranicki 1969 auch unter politischen Gesichtspunkten kritisiert, allerdings noch mit anderen Vorzeichen: »Nicht ohne Konsequenz wird von Grass die Protestbewegung infantilisiert und damit verniedlicht und bagatellisiert. So erscheint ein jedenfalls sehr ernstes politisches Phänomen unserer Zeit als eine etwas komische Revolte, die ihren Ursprung vor allem in Pubertätsnöten hat. Des Beifalls aller Spießer und

Reaktionäre darf Grass – sosehr ihm davor graut – nun sicher sein.« (*UG* 84)

Ein genereller Vorbehalt gegenüber politischen Interessen der Literatur war 1969 bei Reich-Ranicki noch nicht zu vernehmen. Er zeigte sich erst in den siebziger Jahren. Die hymnische Besprechung von Martin Walsers Novelle *Ein fliehendes Pferd* konstatierte am Ende zufrieden: »Martin Walser hat offenbar nicht mehr den Ehrgeiz, mit der Dichtung die Welt zu verändern. Er will nur ein Stück dieser Welt zeigen. Mehr sollte man von der Literatur nicht verlangen.« (*E* 189) Die mündliche Kritik an *Ein weites Feld* im »Literarischen Quartett« wurde, was das Kriterium der Themenwahl angeht, noch deutlicher als der im *Spiegel* erschienene offene Brief an den Autor: »Keiner hat den Grass dazu aufgefordert, über die Wiedervereinigung zu schreiben. Mir wäre lieber, wenn Grass über die Liebe zu seiner Frau geschrieben hätte. Interessiert mich mehr als seine Ansichten zur Wiedervereinigung.« (24. 8. 1995)

Auch die Wahl des literarischen Themas und Stoffes unterliegt Bewertungsmaßstäben. In einer Laudatio auf Reich-Ranicki vermerkte Jens mit freundschaftlicher Distanz: Wenn ein Schriftsteller wie Max Frisch »die alten Männer und die jungen Mädchen besingt, ist es um Reich-Ranicki geschehen« (zitiert in *MRR* 135). So erfuhr denn auch *Das sterbende Tier*, der 2002 erschienene Roman des amerikanischen Bestseller-Autors Philip Roth, der von den zahlreichen Liebesbeziehungen eines alten Literaturkritikers zu jungen Frauen handelt, prompt Reich-Ranickis höchste Anerkennung. Reich-Ranicki war vierundvierzig Jahre alt, als er in der *Zeit* einen Artikel mit der Überschrift »Sexus und die Literatur« veröffentlichte. Anlass war der Bestseller-Erfolg des Romans *Die Clique* von Mary McCarthy, den er zwar nicht »bedeutend«, doch »lesenswert« fand. (*NL* 25-28) Der Erfolg verweise auf symptomatische Defizite der deutschsprachigen Literatur der 1960er Jahre, in der die Sexualsphäre gar nicht oder nur in abstoßender Weise behandelt werde. Günter Grass warf er vor, dass in seinen Darstellungen »des Widerwärtigen und Abstoßenden« das »Geschlechtsleben als eine ziemlich ekelhafte, zumindest aber wenig attraktive Prozedur erscheint«. (*NL* 27) Der Ästhetik des Hässlichen, die für die literarische Moderne konstitutiv war, stand Reich-Ranicki auch im Hinblick auf die literarische Darstellung von Sexualität reserviert gegenüber. Was er 1964 an Grass oder auch an Walser monierte, wiederholte er am 10. März 1989 bei der Besprechung von Elfriede Jelineks Roman *Lust* im »Literarischen Quartett«: Jelinek habe ein Buch geschrieben, »wo die Sexualität unentwegt mit äußerster Kraft denunziert wird als das Widerlichste auf Erden«.

Dass Reich-Ranicki auch Autoren schätzte, bei denen Erotik keine Rolle spielt, zeigt das Beispiel Thomas Bernhard. Überhaupt gibt es kaum eine ihm nachgesagte Tendenz, zu der sich nicht Gegenbeispiele finden ließen. Er selbst führte eine ganze Reihe solcher Beispiele an, als ihm ein Kritiker in der *Neuen Zürcher Zeitung* vorhielt:

> Was teilt der Kritiker Marcel Reich-Ranicki dem Leser mit, wenn er den neuen Roman von Botho Strauß rezensiert? Er berichtet von seiner »Langeweile«, die manchmal »schier unerträglich« wurde. Auch von »Widerwillen« ist die Rede. Später wird von »Halbseide« gesprochen, und von den »feierlichen Banalitäten« des Textes. Aber gesagt, erklärt, gedeutet? Wird

Abb. 34: Michael Mathias Prechtl: *Der Rezensent*, 1989

Abb. 35: 2003 im Frankfurter Arbeitszimmer am PC

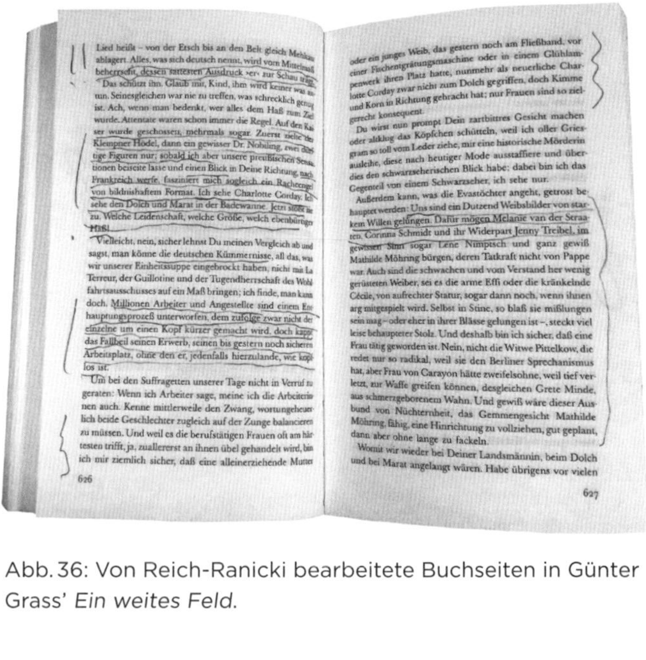

Lied heißt – von der Etsch bis an den Belt gleich Mehltau ablagert. Alles, was sich deutsch nennt, wird vom Mittelmaß beherrscht, dessen sattesten Ausdruck ›er‹ zur Schau trägt.

Das schützt ihn. Glaub mir, Kind, ihm wird keiner was antun. Seinesgleichen war nie zu treffen, was schrecklich genug ist. Ach, wenn man bedenkt, wer alles dem Haß zum Ziel wurde. Attentate waren schon immer die Regel. Auf den Kaiser wurde geschossen, mehrmals sogar. Zuerst zielte der Klempner Hödel, dann ein gewisser Dr. Nobiling, zwei dürftige Figuren nur; sobald ich aber unsere preußischen Sensationen beiseite lasse und einen Blick in Deine Richtung, nach Frankreich werfe, fasziniert mich sogleich ein Racheengel von bildnishaftem Format. Ich sehe Charlotte Corday. Ich sehe den Dolch und Marat in der Badewanne. Jetzt stößt sie zu. Welche Leidenschaft, welche Größe, welch ebenbürtiger Haß!

Vielleicht, nein, sicher lehnst Du meinen Vergleich ab und sagst, man könne die deutschen Kümmernisse, all das, was wir unserer Einheitssuppe eingebrockt haben, nicht mit La Terreur, der Guillotine und der Tugendherrschaft des Wohlfahrtsausschusses auf ein Maß bringen; ich finde, man kann doch. Millionen Arbeiter und Angestellte sind einem Enthauptungsprozeß unterworfen, dem zufolge zwar nicht der einzelne um einen Kopf kürzer gemacht wird, doch kappt das Fallbeil seinen Erwerb, seinen bis gestern noch sicheren Arbeitsplatz, ohne den er, jedenfalls hierzulande, wie kopflos ist.

Um bei den Suffragetten unserer Tage nicht in Verruf zu geraten: Wenn ich Arbeiter sage, meine ich die Arbeiterinnen auch. Kenne mittlerweile den Zwang, wortungeheuerlich beide Geschlechter zugleich auf der Zunge balancieren zu müssen. Und weil es die berufstätigen Frauen oft am härtesten trifft, ja, zuallererst an ihnen übel gehandelt wird, bin ich mir ziemlich sicher, daß eine alleinerziehende Mutter

626

oder ein junges Weib, das gestern noch am Fließband, vor einer Fischentgrätungsmaschine oder in einem Glühlampenwerk ihren Platz hatte, nunmehr als neuerliche Charlotte Corday zwar nicht zum Dolch gegriffen, doch Kimme und Korn in Richtung gebracht hat; nur Frauen sind so zielgerecht konsequent.

Du wirst nun prompt Dein zartbittres Gesicht machen oder altklug das Köpfchen schütteln, weil ich oller Griesgram so toll vom Leder ziehe, mir eine historische Mörderin ausleihe, diese nach heutiger Mode ausstaffiere und überdies den schwarzseherischen Blick habe; dabei bin ich das Gegenteil von einem Schwarzseher, ich sehe nur.

Außerdem kann, was die Evastöchter angeht, getrost behauptet werden: Uns sind ein Dutzend Weibsbilder von starkem Willen gelungen. Dafür mögen Melanie van der Straaten, Corinna Schmidt und ihr Widerpart Jenny Treibel, im gewissen Sinn sogar Lene Nimptsch und ganz gewiß Mathilde Möhring bürgen, deren Tatkraft nicht von Pappe war. Auch sind die schwachen und vom Verstand her wenig gerüsteten Weiber, sei es die arme Effi oder die kränkelnde Cécile, von aufrechter Statur, sogar dann noch, wenn ihnen arg mitgespielt wird. Selbst in Stine, so blaß sie mißlungen sein mag – oder eher in ihrer Blässe gelungen ist –, steckt viel leise behaupteter Stolz. Und deshalb bin ich sicher, daß eine Frau tätig geworden ist. Nein, nicht die Witwe Pittelkow, die redet nur so radikal, weil sie den Berliner Sprechanismus hat, aber Frau von Carayon hätte zweifelsohne, weil tief verletzt, zur Waffe greifen können, desgleichen Grete Minde, aus schmerzgeborenem Wahn. Und gewiß wäre dieser Ausbund von Nüchternheit, das Gemmengesicht Mathilde Möhring, fähig, eine Hinrichtung zu vollziehen, gut geplant, dann aber ohne lange zu fackeln.

Womit wir wieder bei Deiner Landsmännin, beim Dolch und bei Marat angelangt wären. Habe übrigens vor vielen

627

Abb. 36: Von Reich-Ranicki bearbeitete Buchseiten in Günter Grass' *Ein weites Feld.*

> fast nichts. Weshalb der Leser vielleicht doch annehmen darf: daß der Kritiker das Buch nicht verstanden hat. Denn das Ideal des Rezensenten ist der Roman, der sich gleichsam von selbst erzählt. Eine durchgehende, »epische« Handlung; ein »realistisches« Portrait der Wirklichkeit; eine »Geschichte«; und einfache, durchschaubare Sprache. Reich-Ranicki fällt dazu der Name des Autors John Updike ein. – Als ob die Literatur an solchen Idealen gemessen werden dürfte. (*Neue Zürcher Zeitung*, 1.3.1985)

Die Antwort Reich-Ranickis erschien sechs Tage später:

> Ist die Sprache jener, die ich als die größten Schriftsteller unseres Jahrhunderts bewundere – also Thomas Manns und Franz Kafkas – einfach und durchschaubar? Haben Wolfgang Koeppens Romane, die ich seit dreißig Jahren rühme, eine durchgehende »epische« Handlung? Liefert Thomas Bernhard, über den ich seit den sechziger Jahren schreibe, ein »realistisches« Portrait der Wirklichkeit? Ist Hermann Burgers »Künstliche Mutter« ein Roman, der sich gleichsam von selbst erzählt? Und trifft eines dieser Kriterien auf das Buch »Die Widmung« von Botho Strauß zu, das ich in der F.A.Z. enthusiastisch besprochen habe? Und schließlich: Darf man nicht John Updike schätzen? (*FAZ*, 7.3.1985)

Lauter rhetorische Fragen. Sie gehören zu den charakteristischen Kennzeichen von Reich-Ranickis Stil.

Rhetorik ist die Kunst, mit Reden oder Schreiben beim Publikum optimale Wirkungen zu erzielen. Ob Reich-Ranicki mündlich oder schriftlich agierte, ein Rhetoriker war er durch und durch. Als er 1997 einen Vortrag über »Glanz und Elend der Redekunst« hielt, sprach er, ohne es ausdrücklich zu sagen, in eigener Sache. Der Vortrag erschien in dem Band *Vom Tag gefordert*, einer Sammlung seiner »Reden in deutscher Angelegenheit«. Von Literaturkritik ist hier nur beiläufig die Rede, doch ist sie zweifellos mit gemeint, wenn Reich-Ranicki die Rhetorik gegen ihre Verächter verteidigt – im Bewusstsein, dass sie oft missbraucht wurde.

Zu Reich-Ranickis Rhetorik gehört die Polemik, also eine öffentliche Form aggressiver, streitlustiger, überspitzter, doch keineswegs argumentationsloser Kritik, die Lessing zu einem Instrument der Wahrheitsfindung aufgewertet hatte. »Jede Kritik, die es verdient, eine Kritik genannt zu werden, ist auch eine Polemik.« (*ÜL* 54) Seit jeher gehört sie zum unentbehrlichen Repertoire des Kritikers. Lessing hatte es auf diesem Gebiet bereits zur Meisterschaft gebracht. Dabei schreckte er auch vor derben Ausdrücken und zornigen Angriffen nicht zurück, was ihm den Ruf eines »oft unbarmherzigen und grausamen, ja mitunter nahezu sadistischen Polemiker[s]« (*AL* 18) einbrachte.

Auch hier charakterisierte Reich-Ranicki mit Lessing unverkennbar sich selbst. Ein rhetorisches Stilmittel, das im polemischen Diskurs selten fehlt, ist die Übertreibung. Wie der von ihm so hoch geschätzte Thomas Bernhard im Bereich der Literatur, etablierte sich Reich-Ranicki in der Literaturkritik als prominentester Übertreibungskünstler. Die polemische Übertreibung – mit der Absicht zu überzeugen, nicht zu überreden! – soll zur Deutlichkeit beitragen und damit Reaktionen provozieren. Den grammatischen Superlativ verwendete Reich-Ranicki zwar in negativen Urteilen selten, doch starke Attribute wie primitiv, albern, läppisch, peinlich, dürftig oder plump waren ihm ebenso geläufig wie die Substantive Unsinn, Lappalien, Blödeleien, »kaum noch zu überbietende Albernheit« oder – im Wechsel der Stilhöhe – auch »Mumpitz« und dergleichen.

Im letzten seiner »Briefe antiquarischen Inhalts« erklärte Lessing, dass »jeder Tadel, jeder Spott« dem Kritiker erlaubt sei und ihm niemand vorschreiben könne, »wie sanft oder wie hart, wie lieblich oder wie bitter, er die Ausdrücke eines solchen Tadels oder Spottes wählen soll. Er muß wissen, welche Wirkung er damit hervorbringen will, und es ist notwendig, daß er seine Worte nach dieser Wirkung abwäget.« (zitiert in *ÜL* 33 f.)

Die rhetorische Kunst, mit Worten starke Wirkungen zu erzielen, beherrschte Reich-Ranicki wie kein anderer Kritiker der Gegenwart. Wer seine Publikationen nach rhetorischen Stilfiguren und anderen Techniken der Erregung und Bindung von Aufmerksamkeit durchsucht, wird auf Schritt und Tritt fündig. Die rhetorischen Regeln belehrender Argumentation (*docere*) waren ihm ebenso geläufig wie die Mittel der Affekterregung (*movere*) und die Künste, das Publikum zu vergnügen (*delectare*). »Ein belangloser, ein schlechter, ein miserabler Roman. Es lohnt sich nicht, auch nur ein Kapitel, auch nur eine einzige Seite dieses Buches zu lesen.« (*E* 175). So steigert sich die Kette der abwertenden Wörter (Klimax) im Verriss von Walsers Roman *Jenseits der Liebe*. Die Figuren der Alliteration, Antithese und

Häufung kombiniert das Urteil über den Roman *Örtlich betäubt* von Günter Grass: »Was einst drall und deftig war, ist jetzt dürr und dürftig.«

Dass der Roman durchaus vorzügliche Sätze und Passagen enthalte, wird mit einer Metapher veranschaulicht – mit dem Hinweis, »in seinem verdorbenen Teig seien immerhin einige Rosinen enthalten«. (*LV* 81) Das auf Anschaulichkeit bedachte Schreiben und Sprechen in Bildern gehörte zu Reich-Ranickis stilistischen Eigenheiten. Als 1967 Martin Walsers Stück *Die Zimmerschlacht* in München von Fritz Kortner inszeniert wurde, verglich er den Text mit einer Leiche und die Inszenierung mit einem Mord. Es habe, so der Kritiker, »in Anwesenheit vieler illustrer Trauergäste ein Leichenbegängnis erster Klasse stattgefunden. Zu klären bleibt, ob hier das Stück [...] systematisch ermordet wurde oder ob man nur eine Leiche auf die Bühne gezerrt hat«. (*LV* 123) Robert Musils *Mann ohne Eigenschaften* gleiche »einer Wüste mit schönen Oasen«. Die »Wanderung von einer Oase zur nächsten« sei »bisweilen qualvoll«. (*SW* 171).

Die Anschaulichkeit und Spannung, die sich Reich-Ranicki von guter Literatur erhoffte, versuchte er in seinen literaturkritischen Texten selbst zu bieten. Statt Behauptungen zu präsentieren, stellte er gerne Fragen, die den Leser auf die Antwort gespannt machen. Oft sind seine Sätze oder Absätze so gebaut, dass wichtige Informationen oder Pointen erst am Ende stehen.

Einer Spannungsdramaturgie folgt der ganze Aufbau seiner literaturkritischen Texte. Die Rezensionen enthalten in der Regel ein festes Repertoire an Bestandteilen: Informationen über die bisherigen Leistungen, Erfolge oder Misserfolge des Autors verbinden sich mit der Frage, inwieweit das neue Buch daran anknüpft. Hinweise zu den literaturkritischen Reaktionen auf vergangene Werke oder auf das neue Werk geben den Anlass, diese zu überprüfen. Relativ knapp gehaltene Angaben zu Inhalt, Thema, Handlung, formale und stilistische Eigenarten des neuen Buches sind verknüpft mit Ansätzen zu einer Interpretation. Entschiedene Bewertungen des Buches, oft in Form von Hinweisen zur emotionalen Wirkung auf den Rezensenten, verbinden sich mit Begründungen des Werturteils durch Zitate oder mit Hinweisen auf exemplarische Einzelheiten des Textes. Bei entschiedenen Verrissen weist der Rezensent ziemlich regelmäßig auf gelungene Passagen hin, die zeigen, was der Autor hätte leisten können, und demonstrieren, dass auch eine Polemik sich den Qualitäten des Autors nicht gänzlich verschließt und zu Differenzierungen fähig bleibt. Nicht alle Hinweise dieser Art sind so vernichtend wie in der Rezension zu Günter Grass' *Ein weites Feld*, die mit den Sätzen endet: »Aber daß ich es nicht vergesse. Da gibt es in Ihrem Buch eine Episode, die völlig aus dem Rahmen fällt. Sie schildern ein Treffen mit Uwe Johnson. Sie schildern es wunderbar. Das kann keiner besser als Sie. Aber es sind nur fünf Seiten von 781.« (*UG* 165) Freundlicher endet da eine Rezension von 1968 über Hans Erich Nossaks Roman *Der Fall d'Arthez*: »Kurz und gut: Ich bin gegen Erich Nossacks Roman, aber diese Abschnitte werde ich nicht so bald vergessen.« (*LV* 113)

Ein mögliches Spannungselement von Rezensionen besteht darin, den Leser auf das Werturteil warten zu lassen. Reich-Ranicki benutzt es selten. Zur Rhetorik seiner Rezensionspraxis gehört vielmehr, die Rezension mit einem entschiedenen Urteil zu eröffnen und die Spannung darauf zu lenken, wie das Urteil begründet wird. »Um mit dem Fazit zu beginnen: Ich bin gegen Nossacks neuen Roman, dieser ›Der Fall d'Arthez‹ missfällt mir entschieden.« Die Rezension zu dem Roman von Grass beginnt so:

> Mein lieber Günter Grass, es gehöre »zu den schwierigsten und peinlichsten Aufgaben des Métiers« – meinte Fontane –, »oft auch Berühmtheiten, ja, was schlimmer ist, auch solchen, die einem selber als Größen und Berühmtheiten gelten, unwillkommene Sachen sagen zu müssen«. Aber – fuhr er fort – »schlecht ist schlecht, und es muß gesagt werden. Hinterher können dann andere mit den Erklärungen und Milderungen kommen«. Das ist, ziemlich genau, meine Situation. Ich halte Sie für einen außerordentlichen Schriftsteller, mehr noch: Ich bewundere Sie – nach wie vor. Doch muß ich sagen, was ich nicht verheimlichen kann: daß ich Ihren Roman »Ein weites Feld« ganz und gar mißraten finde. (*UG* 151)

Wie bei einem Roman, so entscheiden bei einer Rezension oft die ersten Sätze darüber, ob es dem Text gelingt, die Aufmerksamkeit des Lesers so zu fesseln, dass er bereit ist, die Lektüre fortzusetzen. »Dieses Buch beginnt mit einer Unwahrheit«, so beginnt die Rezension zu Martin Walsers *Liebeserklärungen.* (*MW* 111) Was Reich-Ranicki 1967 gleich zu Beginn seiner Rezension zum Roman *Hundejahre* über Grass schrieb, galt auch für ihn selbst als Autor literaturkritischer Texte: »Natürlich weiß ein so exakt arbeitender Schriftsteller, ein so sorgfältig kalkulierender Artist wie Günter Grass, welch außerordentliche Bedeutung gerade dem Einstieg zukommt – den ersten Zeilen eines Romans oder einer Erzählung.« Grass versuche, »die Aufmerksamkeit des

Lesers sogleich auf den Kern des jeweiligen Werks zu lenken«. (*UG* 45) Ebendies versuchte auch Reich-Ranicki mit seinen Rezensionen, Essays und auch mit seiner Autobiografie. Reich-Ranicki wies den Anspruch Alfred Kerrs, dass Kritik selbst Literatur sei, zwar zurück. Und mehr noch das Ansinnen, dass der Kritiker im Zweifelsfall beweisen müsse, dass er selbst das von ihm kritisierte Werk hätte besser schreiben können. Man müsse schließlich nicht Koch sein, um zu bemerken, dass die Suppe versalzen sei. Doch sind seine Rezensionen und Essays durchaus Vorführungen von Qualitäten, die er sich auch von Autoren literarischer Texte wünschte: Publikumsnähe, Anschaulichkeit, Prägnanz, Witz, Spannung oder auch kompositorische Geschlossenheit.

ALLTAG DES KRITIKERS

In einer Rede über Frankfurt und sein Leben in dieser Stadt berichtet Reich-Ranicki über seine tägliche Arbeit: »Ja, ich war in diesen Jahren sehr fleißig, eines Wochenendes ohne Arbeit kann ich mich nicht entsinnen, in Urlaub bin ich nur gegangen, wenn ich dazu gezwungen wurde – von meiner Familie oder von den Ärzten. In jedem Urlaub dauerte es nicht lange, und ich begann die Tage zu zählen, die mich noch von der Rückkehr an meinen Schreibtisch trennten.« (*VT* 185) Dieser Kritiker war über Jahrzehnte hinweg kontinuierlich ungemein produktiv. Die Hamburger Jahre, in denen er noch nicht in die Redaktion einer Zeitung integriert war, verbrachte er fast jeden Tag lesend und schreibend in seiner Wohnung. Allein für *Die Zeit* schrieb er bis 1973 etwa dreihundert Artikel. Die sozialen Kontakte beschränkten sich, von Vortragsveranstaltungen abgesehen, im Wesentlichen auf das Telefonieren. Sich selbst beschrieb Reich-Ranicki – wie auch Walter Jens – als einen Kaffeehausliteraten ohne Kaffeehaus. »Unser Kaffeehaus war das Telefon.« (*ML* 422) Das Telefonieren nannte Reich-Ranicki einmal – wie immer übertreibend – seine »Lieblingsbeschäftigung«. Seine Freundschaften waren zu weiten Teilen abendliche Telefonfreundschaften.

Bei aller Arbeitsbesessenheit setzte er dieser jedoch auch deutliche Grenzen. Ein Nachtarbeiter war Reich-Ranicki nicht. »Nein, nach dem Abendessen, so um 19 Uhr, schreibe ich nie etwas. Abends lese ich Zeitschriften, sehe fern.« (*WL* 277) »Und telefoniere«, vergaß er hinzuzufügen. Den Arbeitstag ließ er in den letzten Lebensjahrzehnten langsam angehen. Einen Wecker benutzte er nie. An einem normalen Tag stand er gegen 9 Uhr auf. Nach dem Frühstück las er Zeitungen: die Feuilletons der *FAZ*, der *Süddeutschen Zeitung* und der *Welt*, darüber hinaus vor allem den *Spiegel* und auch *Focus*, *Die Zeit* und *Die Weltwoche* sowie diverse Zeitschriften. Danach las er die eingetroffene Post, ein großes Paket mit Prospekten, vielen Bitten um Autogramme und Leserbriefen (von seinen Verlagen und der *FAZ* an die Privatadresse weitergeleitet). Literarische Texte, die ihm, oft mit der Bitte um Begutachtung, zugeschickt wurden, ignorierte er prinzipiell. Ab etwa 11 Uhr begann, nie ohne Krawatte, der »Dienst« am Schreibtisch: das Lesen und Schreiben. Telefonanrufe nahm er während der Arbeit entgegen. Nach dem Mittagessen gegen 14 Uhr und einem Spaziergang wurde die Arbeit bis zum Abendessen fortgesetzt. Um 20 Uhr sah er regelmäßig die Tagesschau.

Als er die Literaturredaktion der *FAZ* leitete, waren die

Tage und Wochen anders strukturiert. Am späten Vormittag, meist gegen 11 Uhr, erschien er in seinem Büro. Gegen 16 Uhr, wenn die Zeitung fertig war, verließ er es. Seine Artikel schrieb er zu Hause. Gelegentlich nahm er sich dafür einen redaktionsfreien Tag.

Mit der Hand hat Reich-Ranicki nie geschrieben, immer auf der Schreibmaschine, seit etwa 1990 am PC. Dieser habe, so schätzte er es selbst ein, mit seinen technischen Möglichkeiten die stilistische Qualität seiner Arbeiten verbessert. Briefe diktierte er, seine Artikel nie. Literarische Texte las er schon immer nicht sonderlich schnell. »Im Gegenteil, ob damals oder jetzt, ich lese beinahe immer langsam. Denn wenn mir ein Text gefällt, wenn er wirklich gut ist, dann genieße ich jeden Satz, und das nimmt viel Zeit in Anspruch. Und wenn mir ein Text mißfällt? Dann langweile ich mich, kann mich nicht recht konzentrieren und merke plötzlich, daß ich eine ganze Seite kaum verstanden habe und sie noch einmal lesen muß. Ob gut oder schlecht – es geht nur langsam voran.« (*ML* 93 f.)

Bücher, die er rezensierte, las er nie ohne Bleistift in der Hand, versah sie mit Unterstreichungen, Ausrufe- oder Fragezeichen und, wo ihm etwas missfiel, mit einer geschlängelten Linie. Er las diese Bücher gründlich, mindestens »eineinhalbmal, also einmal von der ersten bis zur letzten Zeile, und dann bestimmte wichtigere Kapitel oder Abschnitte noch einmal.« (*DB* 178 f.) Hinzu kam die Lektüre anderer Bücher des Autors, der bisherigen Kritiken über den Autor, auch der eigenen. Während der Lektüre machte er laufend Notizen, wiederum nicht mit der Hand, sondern maschinenschriftlich und eingeteilt nach diversen Aspekten. Wenn der Artikel fertig war, ließ Reich-Ranicki ihn möglichst von zwei Redakteuren gegenlesen und arbeitete die Korrekturvorschläge, wo sie ihm einleuchtend erschienen, in das endgültige Manuskript ein.

EINSAMKEIT DES KRITIKERS

Unter dem Titel »Kritiker sind einsam« veröffentlichte *Der Spiegel* am 4. Oktober 1993 ein Gespräch mit Reich-Ranicki, in dem er sagte: »Er steht im Mittelpunkt und ist trotzdem einsam. Einsam deshalb, weil Kritiker in der Regel leidenschaftlich an der Literatur interessiert sind. [...] Aber die Einsamkeit kommt auch daher: Dem Kritiker gegenüber, wenn er Einfluß hat, ist jeder – ob Autor oder Verleger – etwas befangen.« (*MRR* 180 f.) Die Einsamkeit begriff Reich-Ranicki als konstanten Umstand seines Berufes. Er hat dafür Bestätigungen bei vielen anderen Kritikern gefunden. Schon Lessing wurde mit respektvoller, aber auch seltsam argwöhnischer Distanziertheit bedacht, Friedrich Nicolai musste sich derb und vulgär in einem öffentlichen Pamphlet beschimpfen lassen. Larmoyant beschrieb Friedrich Schlegel, was ihm zeit seines Lebens widerfuhr: »Man findet mich interessant und geht mir aus dem Wege. Wo ich hinkomme, flieht die gute Laune, und meine Nähe drückt. Am liebsten besieht man mich aus der Ferne, wie eine gefährliche Rarität.« Auch Ludwig Börne mangelte es an Feinden nicht, Heinrich Heine sah in der wachsenden Anzahl seiner Gegner gar die Qualität seiner kritischen Tätigkeit beglaubigt. Alfred Kerr wurde mit regelrechter Passion gehasst, ebenso Siegfried Jacobsohn, der Kurt Tucholsky in einem Brief fragte: »Wissen Sie einen, der noch mehr Feinde hat als ich?«

Abb. 37: Mit der 1979 geborenen Enkelin Carla in Frankfurt

Abb. 38: In seiner Frankfurter Wohnung mit Tosia, der Enkelin Carla, dem Sohn Andrew und dessen Frau Ida Thompson

Auch in diesem Punkt fand Reich-Ranicki Bestätigung bei seinen Vorbildern. Was er an ihnen beobachtete, belegte den eigenen Rang: »Ein Literaturkritiker, der etwas taugt, ist immer eine umstrittene Figur.« (*AL* 237) Vor allem in Deutschland habe man den Kritiker von Beginn an bis in die heutige Zeit »konsequent bekämpft und verketzert« (*AL* 319). Goethes vielzitierte Verszeile »Schlagt ihn tot, den Hund! Es ist ein Rezensent!« kann bis heute als Parole all jener gelten, die sich von der Kritik zutiefst gekränkt fühlen.

Die aus verschiedenen Gründen verbreiteten Aversionen gegenüber Literaturkritik haben den Effekt, die Person des Kritikers, der seine Aufgaben ernst nimmt, zu isolieren. Die Isolation begriff Reich-Ranicki jedoch auch als notwendige Voraussetzung der Kritik: ihrer Unabhängigkeit. Und sozialen Rückhalt bot ihm neben einem privaten Freundeskreis die Familie.

FREUNDE UND FEINDE

»Haben Sie Feinde?«, fragte Peter von Matt in seinem Gespräch mit Reich-Ranicki und bekam die Antwort: »Sehr viele. Das gehört zu meinem Beruf.« (*DP* 19) Etwa ein Jahrzehnt später ging Reich-Ranicki in einer Rede zu seinem 80. Geburtstag auf die Einsamkeit als Literaturkritiker und auf die Feindschaften ein, die er sich mit seiner Kritik zuzog: »Es fiel mir immer schon sehr schwer, auf die Zuneigung anderer zu verzichten, die generelle Unbeliebtheit, die ich oft zu ertragen hatte und die sich, so schien es mir, nur selten überwinden ließ – sie hat mir mein Leben lang Sorgen bereitet. [...] Viel Feind, viel Ehr? Ach, weniger Ehre und weniger Feinde – es wäre mir mit Sicherheit lieber gewesen. Nur habe ich immer, ob ich es wollte oder nicht, die Menschen rings um mich und wohl auch alle meine Leser unentwegt polarisiert.« (*VT* 185)

Mit seinen negativen Kritiken hat sich Reich-Ranicki vor allem bei Autoren viele Feinde gemacht. Doch denselben Effekt konnten auch positive Kritiken haben, wenn die Konkurrenten des gelobten Autors sich darüber ärgerten. Als Reich-Ranicki den Literaturteil der *FAZ* leitete, verübelten ihm seine Gegner nicht nur, was er selbst geschrieben hatte, sondern potenziell alles, was in der Zeitung über Literatur gedruckt wurde.

Die Feindseligkeiten ihm gegenüber artikulierten sich nicht selten in aggressiven Todeswünschen. Berühmt-berüchtigt ist der Ausruf Rolf Dieter Brinkmanns im November 1968 während einer Podiumsdiskussion: »Ich sollte überhaupt nicht mit Ihnen reden, ich sollte hier ein Maschinengewehr haben und Sie niederschießen.« Helmut Heißenbüttel, der Reich-Ranicki schon aus der »Gruppe 47« kannte, schrieb 1988 einen fiktiven Nachruf auf den Kritiker: »Ich kann nicht mehr mit ihm, einem seiner Denkweise, reden. Ich schreibe daher einen Nachruf, einen Nachruf zu Lebzeiten, denn er ist für mich, so wirksam er auch immer sein mag, sosehr er auch agieren, taktieren und integrieren mag, ein Gestorbener.«

REICH-RANICKI ALS LITERARISCHE FIGUR

Die Todeswünsche, die viele Schriftsteller gegen Reich-Ranicki richteten, sind auch in ihre literarischen Fantasien und Texte eingegangen. Peter Handke, der sich schon 1968 ungemein abfällig über Reich-Ranicki geäußert hatte, stellt die Person des Kritikers 1980 in seiner Erzählung *Die Lehre der Sainte-Victoire* als einen mordlustigen »Leithund« dar. »Ja, vor mir, hinter dem Zaun, stand ein großer Hund – eine Doggenart –, in dem ich sofort meinen Feind wiedererkannte.« Die Blicke der beiden begegnen sich: »und dann wußten wir voneinander, wer wir waren, und konnten nur noch auf ewig Todfeinde sein«. Der Protagonist betrachtet »den Feind [...], wie er in seiner von dem Getto vielleicht noch verstärkten Mordlust jedes Rassenmerkmal verlor und nur noch im Volk der Henker das Prachtexemplar war«. Ein Opfer der deutschen Nationalsozialisten, so der maßlose Vergleich, ist als Kritiker selbst zum Täter geworden. Am Ende wünscht der bedrohte Protagonist dem Hund den Tod: »ja, jetzt trachtete er mir nach dem Leben; und auch ich wollte mit einem Machtwort ihn tot und weg haben.«

In Handkes monumentalem Roman *Mein Jahr in der Niemandsbucht* (1994) fallen die Urteile über den Kritiker moderater aus: Der Ich-Erzähler nennt ihn einen der »schlauesten und zugleich beschränktesten«, bemüht jedoch mit Bezeichnungen wie »Schnüffler und Reißer« erneut den Vergleich mit einem Tier.

In Christa Reinigs 1984 erschienenem Buch *Die Frau im Brunnen* beruhigt die Protagonistin ihren Freund, der sich in seinem Schreiben durch die Angst vor Reich-Ranicki behindert sieht, mit der Hoffnung auf dessen baldigen Tod. »Dann wird er einen Verkehrsunfall bauen, er wird überfahren werden oder von einem Rechtsüberholer geschnitten und zerquetscht.« Solche literarischen Fantasien vom Tod des gehassten Kritikers haben sich in der Geschichte der jüngeren deutschen Literatur regelmäßig wiederholt – bis hin zu Martin Walsers Roman *Tod eines Kritikers* oder Bodo Kirchhoffs *Schundroman*.

Walsers Roman verursachte 2002, noch vor seiner Veröffentlichung, einen Skandal. Der Autor hatte ihn prognostiziert und bei seiner Inszenierung selbst kräftig mitgewirkt. Ein Starkritiker verschwindet; unter Mordverdacht steht jener Autor, dessen Werk er am Abend zuvor im Fernsehen disqualifiziert hatte. André Ehrl-König, so der schon in dem Roman *Ohne einander* erfundene Name des Großkritikers, in dessen Armen, so suggeriert er, die Autoren zugrunde gehen wie das Kind in Goethes Ballade, ist wie sein reales Vorbild Reich-Ranicki Jude. Ob die in der Sprache des Hasses geschriebene Darstellung dieses so macht- wie sexbesessenen Monsters antisemitische Klischees bedient, darüber ist heftig debattiert und viel geschrieben worden. Der Roman ist zu gewitzt und geschickt konstruiert, als dass er es zu-

Abb. 39: Mit Martin Walser bei einer Lesung aus *Finks Krieg*, 17. April 1996

Abb. 40: Friedrich Dürrenmatt: »Schädelstätte«, 1980

Abb: 41: Regina Kehn: Karikatur »Bücher-Nörgele« aus Michael Endes *Der satanarchäolügenialkohöllische Wunschpunsch*, 1989 / 2019

ließe, dem Autor Antisemitismus zu unterstellen. Der Mord, so erweist sich am Ende des Romans, hat gar nicht stattgefunden, doch die Wut, mit der hier die Person des Kritikers im Medium diverser Romanfiguren denunziert wird, hat alle Qualitäten eines Rufmordes.

Die aggressive Gewaltsamkeit der literarischen Fantasien über ihn erklärt Reich-Ranicki mit der narzisstischen Kränkbarkeit von Schriftstellern. Viele fühlten und fühlen sich von seiner Kritik existentiell bedroht. Die Angstfantasien, die der Kritiker auszulösen vermochte, hat eine Zeichnung Friedrich Dürrenmatts veranschaulicht. Sie porträtiert ihn, unter dem Titel »Schädelstätte«, als Kritiker mit einem überdimensionalen Federhalter, unter dem die Köpfe seiner Opfer platziert sind.

Neben den angstbesetzten oder wütenden Bildern, Fantasien und Ansichten, die von Schriftstellern über Reich-Ranicki verbreitet wurden, stehen viele respektvolle, dankbare, freundliche und zuweilen auch freundschaftliche und sympathievolle. Die Figur »Zweifel« in Grass' *Tagebuch einer Schnecke* gehört dazu. »In einem seiner schönsten Prosastücke«, so Reich-Ranicki über Martin Walsers Erzählung *Selbstporträt als Kriminalroman*, hat der Schriftsteller sich selbst als einen Verbrecher und seinen Kritiker als Kommissar dargestellt. Der Verbrecher leidet unter ihm, doch noch mehr leidet er unter der Möglichkeit, der Kommissar könnte ihn mangels Interesse nicht mehr verfolgen.

Die Freundschaften und Feindschaften zwischen Reich-Ranicki und einzelnen Autoren und Autorinnen wurden von den Medien neugierig beobachtet und zum Teil in ihnen öffentlich ausgetragen. Ebenso die Zerwürfnisse zwischen Reich-Ranicki und Joachim Fest, Walter Jens oder Sigrid

Löffler. Inzwischen liegen in diversen Büchern über Reich-Ranicki ausführliche Darstellungen dazu vor. Uwe Wittstocks Biografie widmet in dem Kapitel »Freundschaften, Feindschaften« dem Thema über fünfzig Seiten. 2019 erschien Volker Weidermanns *Das Duell* mit der »Geschichte von Günter Grass und Marcel Reich-Ranicki« und 2020 Uwe Neumanns *Der große Zackenbarsch. Marcel Reich-Ranicki als literarische Figur*.

Aus dem, was Reich-Ranicki selbst dazu geschrieben oder gesagt hat, sprechen bei allen Tönen der Wut eine Verletzbarkeit und ein Bedürfnis nach Zuwendung, über die er sich selten so offen wie in einer Rede im Jahr 2000 bei einem Empfang zu Ehren seines 80. Geburtstags geäußert hat:

> Man muß mich gänzlich verkennen, um bei mir eine »gepanzerte Haut« zu vermuten. Die Wahrheit ist: Es fiel mir immer schon sehr schwer, auf die Zuneigung anderer zu verzichten, die generelle Unbeliebtheit, die ich oft zu ertragen hatte und die sich, so schien es mir, nur selten überwinden ließ – sie hat mir mein Leben lang Sorgen bereitet. [...] Der Neid der Kollegen, die Mißgunst der Konkurrenten, der Haß der Zukurzgekommenen und die Abneigung vieler Leser – ich habe das immer gespürt, niemals habe ich mich damit abfinden können, und oft habe ich darunter gelitten. Vielleicht hat hier meine Arbeitswut ihren Ursprung – und vielleicht auch mein Bedürfnis nach Anerkennung.

Mit den Sätzen, die darauf folgten, hat er sich allerdings wohl getäuscht: »Der Erfolg meiner Autobiographie hat natürlich den Neid noch gesteigert, die Mißgunst noch vergrößert und den Haß noch verstärkt.« (*VT* 185 f.)

MEIN LEBEN UND DANACH

Am 15. August 1999 erschien Reich-Ranickis Autobiografie *Mein Leben*. Die Resonanz auf das Buch war überwältigend. Die zahlreichen und ausführlichen Rezensionen, die zum Teil schon vor der Auslieferung des Buches erschienen, zeigten sich zum größten Teil beeindruckt und begeistert. Selbst chronische Gegner des Kritikers bezeugten ihren Respekt. Sieben Wochen nach dem Erscheinen stand das Buch auf Platz eins aller Bestsellerlisten im deutschsprachigen Raum. Mehr als 200 000 Exemplare waren bereits verkauft, Übersetzungsrechte nach Polen, Spanien und Großbritannien vergeben. Die Zahl der aufgelegten Hardcover-, Buchclub-, Taschenbuch- und Hörbuchexemplare hatte wenige Jahre später die Millionengrenze überschritten. Und in über fünfzehn Ländern waren die Rechte zu übersetzten Ausgaben erworben worden. Das Recht zur Verfilmung erwarb 2005 die deutsche Fernseh- und Kinoproduzentin Katharina Trebitsch. Zehn Jahre nach dem Erscheinen des Buches wurde die von Reich-Ranicki ungeduldig erwartete und höchst ambivalent kommentierte Verfilmung mit Matthias Schweighöfer in der Hauptrolle resonanzreich im Fernsehen präsentiert.

Der Erfolg von *Mein Leben* verdankt sich in diesen Dimensionen zweifellos den Qualitäten des Autors und mentalen Dispositionen des Publikums, wurde jedoch auch durch etliche andere Umstände positiv beeinflusst: durch die Prominenz Reich-Ranickis und durch das soziale Kapital, das ihm zur Verfügung stand. Viele einflussreiche Personen, die ihm nahestanden, haben zum Erfolg der Autobiografie beigetragen. Frank Schirrmacher, der für das Feuilleton verantwortliche Mitherausgeber der *FAZ*, war der Erste, der das Buch der Öffentlichkeit vorstellte, als er am 31. Juli 1999 einen Vorabdruck der ersten Teile in der eigenen Zeitung ankündigte. In der *Frankfurter Allgemeinen* erschien am 2. Oktober darüber hinaus eine große Besprechung von Ruth Klüger. Ihre eigene Autobiografie, *weiter leben*, hatte erst 1992 nach der Besprechung im »Literarischen Quartett« die verdiente Publizität erlangt. In der Zürcher *Weltwoche* hatte zwei Wochen zuvor schon die mit Reich-Ranicki befreundete Klara Obermüller eine Rezension publiziert, im *Focus* Stephan Sattler, der in der »Danksagung« des Buches genannt ist.

Im *Spiegel* und in der *Zeit* rezensierten allerdings nicht seine ehemaligen Mitarbeiter Volker Hage und Ulrich Greiner das Buch, sondern andere. Iris Radisch, die zu dieser Zeit noch nicht im »Literarischen Quartett« mitdiskutierte, schrieb die wohl anspruchsvollste und beste, keineswegs unkritische Rezension. Die einnehmende Wirkung, die große Teile des Buches nicht nur auf die meisten Rezensenten, sondern auf viele andere Leser ausübte, fasste Radisch in ein von Lessings Ringparabel geprägtes Bild, das der Autobiograf selbst mehrfach verwendet. »Sein Leben lang, bekennt Reich-Ranicki, habe er sich vergeblich nach dem Ring gesehnt, von dem der weise Nathan erzählt, er habe die geheime Kraft, denjenigen vor Gott und Menschen angenehm zu machen, der ihn in dieser Zuversicht trage. Vielleicht hat er diesen Ring jetzt gefunden. Er ist, was sonst, aus Papier. Er ist, was sein Schöpfer am meisten auf der Welt liebt: ein Roman, der Roman seines Lebens.« (*Die Zeit*, 19. 8. 1999; *WL* 103)

Fast alle Rezensenten waren sich darüber einig: Das Kapitel über das Warschauer Getto ist das eindrucksvollste. »Der nüchterne, unsentimentale, abgerundete und beinahe versöhnte Ton, in dem hier Ungeheuerliches berichtet [...] wird, ist auch ein literarisches Meisterstück.« (Radisch; *WL* 102) Hohe literarische Qualitäten bescheinigen auch andere Besprechungen dem Buch. Der Kritiker und Publizist sei mit ihm zum Schriftsteller geworden. Und als Schriftsteller zeige er sich von einer ganz anderen Seite als sonst. Das Buch, so formulierten es zuerst die Rezensenten im *Spiegel* (9.8.1999; *WL* 75), »ist alles andere als lautstark und vollmundig: Es ergreift durch die tonlose Stille des Entsetzens, durch subtile Andeutungen, polemisches Verschweigen, durch Lakonik und Zärtlichkeit. Der Herr der Bücher, der viel gescholtene Literatur-Wüterich zeigt sich schwach, oft selbstkritisch und beinahe sprachlos, als unterläge er dem eigenen Leben.« Der Rezensent der *Frankfurter Rundschau* (19.8.1999; *WL* 94), der »das instinktgeleitete Geblubber« des »Literarischen Quartetts« und die »Hammer- und Amboss-Technik« des Kritikers rügte, konzedierte: »Dennoch ist diese Autobiographie ganz anders.« Zuvor schon hatte die Besprechung im *Focus* (16.8.1999; *WL* 84) bemerkt: »Seine Memoiren zeigen einen bisher öffentlich so nicht gekannten Reich-Ranicki. Als ob er seine letzte Karte ausspielen wollte, präsentiert sich der Autor als jemand, der bislang verkannt wurde, weil man seine Geschichte als Ganzes, mit ihren Höhen und Tiefen, nicht wahrgenommen hatte.«

Ganz so neu, wie es vielen schien, waren die Inhalte und Töne der Autobiografie jedoch nicht. Ausführliche Gespräche über sein Leben hatte er schon in den achtziger Jahren geführt, im Dezember 1982 mit Joachim Fest. Sie wurden zwei Jahre später in der Sendereihe des ZDF »Zeugen des Jahrhunderts« veröffentlicht und 1987 gedruckt. Unveröffentlicht blieben bis vor kurzem seine Lebenserinnerungen in einem langen Gespräch mit dem damaligen Rundfunkredakteur Paul Assall aus dem Jahr 1986. Diese Erinnerungen sind aber längst nicht so umfassend wie die in *Mein Leben*. Und es gibt auch kein Buch von ihm, das so umfangreich ist. Es ist zudem eines der wenigen Bücher von ihm, das nicht eine Zusammenstellung schon anderweitig publizierter Artikel bietet. In vielen Passagen hat der Autor zwar wörtlich oder nur geringfügig verändert übernommen, was schon vorher in diversen Aufsätzen, gedruckten Gesprächen oder Vorträgen zu lesen war. Reich-Ranicki hat es aber diesmal so ergänzt, überarbeitet und zu einem großen Ganzen komponiert, dass dem Buch die unterschiedlichen Bestandteile, die in diese Lebensgeschichte eingegangen sind, kaum noch anzumerken sind. Das meiste hat er mit seinem phänomenalen Gedächtnis aus der Erinnerung niedergeschrieben, gestützt auch auf Erinnerungen seiner Frau. Mit Archivstudien musste er ihnen nicht nachhelfen. »Meine Erinnerungen an das Warschauer Ghetto«, so erklärte er in einem *Spiegel*-Interview (22. 5. 2000), »habe ich allerdings überprüft, indem ich sie mit einer wissenschaftlichen Studie zum Thema verglich.« (*WL* 299) Ein Tagebuch hat Reich-Ranicki nie geführt. Tagebuchähnliche Aufzeichnungen standen ihm nur ganz wenige zur Verfügung.

Über fünf Jahre hinweg hat er daran gearbeitet, drei Jahre davon kontinuierlich und intensiv, Jahre, in denen eine lebensbedrohliche Krankheit die Konzentration darauf oft schwer machte. Immer wenn man ihn, noch Anfang der neunziger Jahre, drängte, seine Autobiografie zu schreiben, reagierte er eigentümlich wortkarg und abwehrend. Reich-Ranicki hat das begründet – in der seine Autobiografie abschließenden »Danksagung«: Er habe Angst gehabt. »Ich wollte nicht das Ganze noch einmal in Gedanken erleben. Überdies fürchtete ich, der Aufgabe nicht gewachsen zu sein.« (*ML* 555) Wer das Kapitel über das Warschauer Getto gelesen hat, wird ihm das glauben. Doch er mag sich zugleich fragen, was den Autor in den neunziger Jahren dazu veranlasst haben könnte, seinen Sinn zu ändern.

Die Autobiografie vermeidet in geradezu provozierender, weil gegen alle Gepflogenheiten ambitionierter Literatur verstoßender Weise jede Art von Selbstreflexion über Anlässe und Probleme autobiografischen Schreibens. Reich-Ranicki demonstrierte damit, was ihn als kritischen Leser von Literatur oft so störte. Poetologische Metareflexionen waren ihm verhasst. Autoren, so hat er sinngemäß wiederholt geschrieben und gesagt, sollen ihre Energie darauf konzentrieren, gut zu schreiben und nicht darauf, die Leser mit ihren Gedanken über das Schreiben und seine Schwierigkeiten zu behelligen. So erfährt man beim Lesen über die Situation, aus der heraus das Buch entstanden ist, so gut wie nichts. Die Autobiografie gibt lediglich an, 1993 habe er sich entschlossen, sein Leben darzustellen. Dies ist vermutlich eine falsche Datierung, die von einem der Anlässe ablenkt, denen sich die Autobiografie verdankt. Reich-Ranicki wies später in Gesprächen auf mehrere Ereignisse hin, die ihn dazu motivierten, seine Autobiografie zu schreiben: Als er am 1. März 1994 bei einem Essen mit Hellmuth Karasek und dessen Frau im Anschluss an die deutsche Uraufführung des Films *Schindlers Liste* über die eigenen Erfahrungen im Warschauer Getto erzählte, habe Karasek ihn an diesem Abend nachhaltig ermuntert, das alles aufzuschreiben. Und bei der Vorbereitung seiner Rede »Über das eigene Land«, die er am 13. November 1994 in den Münchner Kammerspielen hielt, habe er dann bemerkt, dass ihm das Schreiben über die Zeit in Warschau keineswegs so schwer fiel, wie er immer befürchtet hatte. Die Rede hatte eine enorme Resonanz. Und mit ihr legte er den Grundstein zu seiner Autobiografie. Weite Teile der Rede sind wörtlich in sie eingegangen. Wenige Wochen später, Anfang Dezember 1994, unterzeichnete er den Verlagsvertrag.

In mehreren Passagen war die Rede unverkennbar auch eine Antwort auf Ereignisse und öffentliche Debatten, die sich in den Monaten vorher abgespielt hatten. Vielleicht waren diese denn auch der wichtigste Anlass, die Autobiografie zu schreiben. Er scheint für den Autor persönlich so gravierend gewesen zu sein, dass er gleich in den ersten beiden Sätzen seiner Danksagung betonen musste, wie unwichtig die Entstehungsgeschichte seines Buches für die Öffentlichkeit sei: »Jedes Buch hat eine Entstehungsgeschichte. Freilich ist sie in den meisten Fällen für die Öffentlichkeit ohne Interesse.« (*ML* 555) Es ist nicht anzunehmen, dass Reich-Ranicki diese Geschichte verbergen wollte. Im Gegenteil: Er hätte sie wohl am liebsten erzählt.

Vielleicht fürchtete er, er könnte seiner Autobiografie mit dem Eingeständnis schaden, sie verdanke sich auch einer persönlichen Kränkung und Krise. Vielleicht entspricht diese Leerstelle jedoch auch einem Stilmerkmal, das dem Buch durchgehend eigen ist. Zu den Qualitäten dieser Autobiografie gehört nicht zuletzt Diskretion. Mit knappen Andeutungen, so führt sie gekonnt vor, lässt sich oft mehr sagen als mit vielen Worten. Die lapidare, schlichte, oft kunstlos wirkende Diktion, in der diese Autobiografie geschrieben ist, hat Methode. Das Buch handelt nicht nur andauernd von Literatur, es ist selbst Literatur, und zwar durch und durch, doch auf unauffällige Weise. Eines der Vorbilder literarischer Diskretion ist Dante mit jenem wiederholt zitierten Satz, der über das gemeinsam lesende und durch Lektüre verführte Liebespaar Francesca da Rimini und Paolo Malatesta alles sagt, ohne irgendetwas ausdrücklich zu benennen: »Wir lasen weiter nicht in jener Stunde.« Es gibt viele diskrete Stellen dieser Art in Reich-Ranickis Autobiografie, nicht nur dort, wo es von Liebe und Sexualität erzählt. Auch wo persönliche Wut im Spiel ist, hält es sich zurück: Zwei Schriftsteller habe er gekannt, die sich nachdrücklich zum Christentum bekannten. Doch nur einer habe ihn darin in seiner Redlichkeit überzeugt: Heinrich Böll … Ähnlich verfährt der Autor mit seinen zahlreichen literarischen Anspielungen. Sie sind so eingesetzt, dass man sie zum Verstehen des Textes nicht unbedingt erkennen muss. Sie zu erkennen bringt der Lektüre jedoch zusätzlichen Gewinn.

Es gibt in dieser Autobiografie allerdings eine besonders auffällige Leerstelle, ein unüberhörbares Schweigen. Es verweist vielleicht in ihr Zentrum. Dass Reich-Ranicki versucht hat, allzu offensichtliche Spuren einer privaten Verletzung zu verwischen, ehrt ihn und kommt seinem Buch zugute. Dass solche Spuren nicht völlig getilgt sind, gibt dem Buch jedoch seine untergründige Spannung.

Von zwei Begebenheiten, die ihn in jüngerer Zeit persönlich stark bewegt hatten, erzählt die Autobiografie sehr ausführlich: von zwei zerbrochenen Männerfreundschaften. Der erste Bruch lag schon etwas länger zurück: der mit

Joachim Fest. Warum die Freundschaft in den späten achtziger Jahren zerbrach, dazu gibt Reich-Ranicki einfache und klare Antworten. Es war Fests Position im 1986/87 geführten Historikerstreit, die Reich-Ranicki beschämend fand. Über die Gründe für den zweiten Freundschaftsbruch, den Bruch mit Walter Jens, erfahren wir hingegen nichts. Zur Grundlage der Freundschaft gehörte nicht zuletzt die Einsamkeit des Kritikers, sein »monologisches Dasein« im Wechsel von Lesen und Schreiben. Existenziell notwendiges Gegengewicht dazu wurde die »Telefon-Freundschaft« mit Jens, eine höchst »seltsame«, eine »ungewöhnliche Freundschaft«, die »weitaus längste und wichtigste in meinem Leben«. (*ML* 420) Sie sahen sich selten, doch sie telefonierten miteinander oft und lange. Knappe Andeutungen genügten, um sich zu verstehen. Man bestärkte sich gegenseitig in seinen Projekten, gab sich Versprechungen für den Fall, dass einer vor dem anderen sterben würde.

Als im Herbst 1990, wohl aufgrund politischer Differenzen, die Beziehung ernsthaft gefährdet war, beteuerte Jens in einer Widmung deren Unzerstörbarkeit. Dass sie später, 1994, dann doch zerstört wurde, war »grausam«. Der Autobiograf scheut sich nicht, Max Frischs Beziehung zu Ingeborg Bachmann zum Vergleich heranzuziehen. Er zitiert jenen Satz aus *Montauk*, dessen Knappheit in so wirkungsmächtigem Kontrast zum Ausmaß dieser Tragödie der Trennung steht: »Das Ende haben wir nicht gut bestanden, beide nicht.«

Man weiß: Dieses Ende blieb für Bachmann ein Trauma, von dem sie sich nicht mehr befreien konnte. Wie es zu dem Bruch zwischen Reich-Ranicki und Jens kam, blieb kein Geheimnis. Der Konflikt wurde öffentlich ausgetragen. Der

Abb. 42: Im Gespräch mit Walter Jens

Abb. 43: Jürgen Habermas, Siegfried Unseld und Marcel Reich-Ranicki, die Preisträger des Hessischen Kulturpreises, 1999

Abb. 44: Das Ehepaar Reich-Ranicki im Frankfurter Wohnzimmer, 2003

Autobiograf möchte darüber jedoch nicht sprechen. Was er sonst vermeidet, hier tut er es: Er redet in Andeutungen, spricht »jene« an, die zur Zerstörung der Freundschaft »grausam beigetragen haben«; sie »mögen dies mit ihrem Gewissen ausmachen«. (*ML* 426) Es mag viele Gründe für Reich-Ranickis 1993 oder 1994 gefassten Entschluss gegeben haben, seine Autobiografie zu schreiben, einer davon scheint jedenfalls in den hier verschwiegenen Umständen zu liegen.

Das Ende dieser Freundschaft stand im Zusammenhang mit jener Debatte von 1994, über die der Autobiograf ebenfalls kein Wort verliert. Den Rezensenten im *Spiegel* war dies aufgefallen: »Mit keinem Wort erwähnt er, dass er 1994 wegen seiner Geheimdiensttätigkeit unter dem Decknamen ›Albin‹ öffentlich angegriffen wurde [...]. Seine Freunde wissen, wie sehr ihn die Debatte damals deprimiert hat.« Die Rezension informiert ebenfalls darüber, was das Ende der Freundschaft mit Walter Jens damit zu tun hatte: »Jens wollte sich nicht von jener Fernsehsendung distanzieren, in der sein Sohn Tilman das Geheimdienst-Kapitel erstmals eröffnet hatte.« Dass diese Zusammenhänge für Reich-Ranicki so etwas wie ein Trauma berührten, spricht die Rezension ebenfalls an: »Die Attacken des Jahres 1994 vertieften, das war das eigentlich Dramatische für Reich, die Grunderfahrung des Kritikers: Ein weiteres Mal wurde er aus einer – tatsächlichen oder erhofften – Gemeinschaft ausgeschlossen, an den Rand gedrängt und bedrängt.« (*WL* 78)

Die Leistung dieser Autobiografie verdankte sich einer krisenhaften, wenn nicht traumatischen Erfahrung. Und es ist Reich-Ranicki mit ihr geglückt, was er mit ihr suchte. Nie war er stärker in eine Gemeinschaft integriert als nach dem Erscheinen des Buches – in die Gemeinschaft einer

Leserschaft, die ihm so viel Sympathie entgegenbrachte wie nach keiner Veröffentlichung zuvor. Mit diesem Triumph wiederholte sich ein Muster, das dieser Lebensgeschichte vielfach eingeschrieben ist. Unglück schlägt um in Glück. Dem Bankrott des Vaters in Polen, der frühen »Familienkatastrophe«, verdankte er die schöne Jugend in Berlin, der tödlichen Katastrophe in einer anderen Familie seine Frau, den Intrigen seiner politischen Gegner im Geheimdienst und in der Kommunistischen Partei den Beginn einer literaturkritischen Karriere, den Zurückweisungen in Polen den Aufstieg in der Bundesrepublik, der Enttäuschung bei der *Zeit* die Position in der *FAZ*, dem Abschied von der *FAZ* den Aufstieg als Fernsehstar. Das Muster, das viele der in dieser Autobiografie erzählten Geschichten prägt, das die Schilderungen der Katastrophen erträglicher macht und wohl auch dadurch zu ihrem Erfolg bei den Lesern beigetragen hat, wiederholte sich in der Geschichte der Entstehung und in der Wirkung dieses Buches.

Der Erfolg des Buches hat seinen Autor beglückt, doch die damit verbundenen Turbulenzen haben auch an seinen Kräften gezehrt. Umso bemerkenswerter ist die Produktivität des über 80-Jährigen nach dem Erscheinen von *Mein Leben*. Neben zahlreichen Lesungen, den Vorträgen anlässlich von Ehrungen wie dem Hölderlin-Preis, dem Frankfurter Goethepreis oder den Ehrenpromotionen an den Universitäten Utrecht und München, neben den Auftritten in Fernsehtalkshows und, bis Ende 2002, vor allem in den eigenen Fernsehsendungen »Das Literarische Quartett« und »Reich-Ranicki Solo« hat er in den ersten vier Jahren des neuen Jahrhunderts kontinuierlich geschrieben und an diversen Buchprojekten gearbeitet. Über fünfzehn Bücher hat er in dieser Zeit herausgegeben und zum Teil komplett geschrieben. Zwischen September 2001 und Dezember 2002 verfasste er beinahe jede Woche für die *Frankfurter Allgemeine Sonntagszeitung* einen Beitrag für die Serie *Meine Bilder*, die 2003 als Buch erschien. Es enthält 69 »Bilder« von ihm im doppelten Sinn: Radierungen, Lithografien und Originalzeichnungen, die ihm im Laufe seines Kritikerlebens geschenkt wurden oder die er selbst erworben hatte, »Portraits von Schriftstellern, die für mich besonders wichtig waren und sind.« Die Wände seiner Wohnung waren voll davon – bis sie 2003 zur öffentlichen Ausstellung außer Haus gegeben wurden. Zu diesen Bildern verfertigte Reich-Ranicki ergänzende Portraits mit den ihm eigenen Mitteln, mit denen der Sprache: kleine, drei Druckseiten umfassende Essays, die neben einigen Bemerkungen zu dem Bild den dargestellten Autor charakterisieren und zugleich beschreiben, was einige seiner Werke dem Kritiker bedeuten.

Im Jahr 2003 wurde die Serie »Meine Bilder« durch eine andere ersetzt, für die er wiederum wöchentlich einen Beitrag verfasste: »Fragen Sie Reich-Ranicki«. Hier antwortete er auf Leserbriefe zur Literatur und zu seiner Person. War die »Gruppe 47« antisemitisch? Warum haben Sie nie über Ernst Jünger geschrieben? Ist Bölls Werk noch aktuell, was taugt es heute? Reich-Ranicki antwortete auf Fragen dieser Art im Gestus des Volksaufklärers und Literaturpädagogen.

In einer ähnlichen Rolle agierte er bei einem öffentlichen Literaturspiel, an dem er nicht zum ersten Mal teilnahm, doch nun mit einer vorher nicht gekannten Vehemenz: dem Spiel und Streit um jene literarischen Texte, die zum »Kanon« deutschsprachiger Literatur gehören sollen. An der literarischen Kanon-Bildung hatte Reich-Ranicki schon oft und mit viel Resonanz mitgewirkt, am spektakulärsten im *Spiegel* vom 18. Juni 2001, der mit Reich-Ranicki auf dem Titelbild seinen Leitartikel dem Thema »Was man lesen muss« widmete. Hier präsentierte der Kritiker in einem Gespräch mit Volker Hage seinen persönlichen Kanon deutscher Literatur und adressierte ihn vor allem an Deutschlehrer und Schüler. Die Liste reichte vom *Nibelungenlied* bis zu Gedichten von Robert Gernhardt.

Aus dem aufsehenerregenden Artikel erwuchs ein verlegerisches Groß- und Gemeinschaftsprojekt. Am 21. September 2002 erschien im Insel Verlag unter dem Titel *Der Kanon* im Umfang von 8200 Seiten die erste Folge mit einer Sammlung von 20 Romanen von 17 Schriftstellern der deutschen Literatur von der Goethezeit bis zur Gegenwart. Die Leitlinie von Reich-Ranickis Auswahl war nicht nur die Qualität der Bücher, sondern auch ihre Lesbarkeit für ein breites, aufgeschlossenes Publikum. Reich-Ranicki will diesen Kanon nicht wie ein Gesetzbuch oder eine Vorschrift verstanden wissen, doch als eine Art Richtschnur, die zeigen möchte, was lesenswert ist und was man gelesen haben sollte.

Der Roman-Kanon war der Anfang. Im Oktober 2003 erschienen 180 Erzählungen in einer zehnbändigen Buchkassette. Es folgten Kassetten mit Dramen, Gedichten und Essays. Von diesem Kanon-Projekt unterschieden waren Textsammlungen, die sich auf persönliche Vorlieben beriefen. Deren erster Band erschien im Frühjahr 2003 – mit dem programmatischen Titel *Meine Gedichte*. Im Herbst folgte der Band *Meine Geschichten*.

Das Alterswerk von Reich-Ranicki zog Bilanzen: Bilanzen seines eigenen Lebens und Bilanzen zur europäischen, ins-

Abb. 45: Rede im Bundestag am 27. Januar 2012 zum Holocaust-Gedenktag

Abb. 46: Andrew am Sarg seines Vaters

Abb. 47: Grab des Ehepaars auf dem Frankfurter Hauptfriedhof

besondere zur deutschen Literaturgeschichte, Bilanzen zu den Leistungen von einzelnen Schriftstellern und – in Form von Nachrufen oder Geburtstagsartikeln – auch von Kritikerkollegen. Und alles das war eng miteinander verknüpft.

Wer seine Anthologie *Meine Gedichte* aufmerksam liest, wird feststellen, dass hier ein Themenkreis dominiert: Vergänglichkeit, Alter und Tod. Dass Reich-Ranicki unter dem Alter litt und vor dem Tod Angst hatte, verschwieg er nicht. Wenn er öffentlich darüber redete, verließ ihn jedoch auch bei diesem Thema nicht die Lust an einem Bonmot: »Wenn ich sterbe, bedeutet das, daß ich die nächste Nummer des ›Spiegels‹ nicht lesen kann.«

Das Alter ließ ihn nicht ruhen. Als er sein achtzigstes Lebensjahr längst überschritten hat, verging keine Woche, ohne dass etwas über ihn und von ihm in den Massenmedien zu lesen, zu hören oder zu sehen war. Neben etlichen Ehrendoktorwürden erhielt Reich-Ranicki zahlreiche Preise. Zur spektakulärsten Preisverleihung wurde die am 11. Oktober 2008, bei der er mit seinem Auftritt in die Fernsehgeschichte einging. Als er nach einer für ihn quälend langen und langweiligen Veranstaltung endlich den Ehrenpreis der Stifter des Deutschen Fernsehpreises erhalten sollte, erklärte er: »Ich nehme diesen Preis nicht an.«

Nach dem Tod seiner Tosia am 29. April 2011 wurde Reich-Ranicki zunehmend ruhiger, schwächer, einsamer – und milder. Sein großer und denkwürdiger Auftritt vor dem Deutschen Bundestag am 27. Januar 2012, dem Tag des Gedenkens an die Opfer des Nationalsozialismus, mit dem er eine so große Öffentlichkeit erreichte wie nie zuvor, war ein Akt letzter Kraft.

Gespräche fielen ihm schwer. Mit ihm am Telefon oder

in seiner Frankfurter Wohnung zu sprechen, zu verstehen, was er sagte und sagen wollte, wurde immer schwieriger. Einmal fragte er plötzlich, ob man ihm nicht Arbeit beschaffen könnte, ein anderes Mal sagte er, dass seine Frau ermordet worden sei. Seinen Sohn Andrew, der in den letzten Lebensmonaten regelmäßig bei ihm war, nannte er in den Tagen vor dem Tod Olek. So hieß Reich-Ranickis Bruder, der von den Nazis umgebracht worden war. Die Schrecken der Vergangenheit bemächtigten sich wiederholt seiner Wahrnehmung der Gegenwart. Da war es gut zu sehen und zu wissen, dass er bis zuletzt Menschen um sich hatte, denen er vertraute, die er liebte, die sich rührend um ihn sorgten und die ihm das langsame Sterben leichter machten.

Nachmittags am 18. September 2013 war sein Leben zu Ende – das Leben des zweifellos populärsten Literaturkritikers, den es je gab. Ein Lessing oder ein Kerr vermochte solche Popularität schon deshalb nicht zu erlangen, weil ihnen so massenhaft verbreitete Medien wie das Fernsehen nicht zur Verfügung standen. Reich-Ranicki, der in kein Taxi steigen konnte, ohne von dem Fahrer erkannt, und sich keine zehn Schritte auf der Straße bewegte, ohne von Passanten angesprochen zu werden, hatte seine ständig wachsende Popularität ausgiebig benutzt, um das Interesse an Literatur und ihrer Kritik auch bei jenen zu wecken oder zu vermehren, denen Literatur nicht sonderlich viel bedeutete.

Zu Reich-Ranickis Popularität hat beigetragen, dass er ständig dazu provozierte, sich über ihn zu streiten. Seinen Kritikern bot er dabei viele Angriffsflächen. Darin glich er vielen Schriftstellern, mit denen er sich selbst immer wieder kritisch auseinandersetzte. In *Mein Leben* hat Reich-Ranicki die meisten Autoren, von denen er erzählt, als Persönlichkeiten mit sehr menschlichen Schwächen dargestellt. Sie seien in der Regel empfindliche und eitle Personen, die nichts wichtiger nehmen als sich selbst. Ihr Bedürfnis nach Anerkennung könne auch durch größte Erfolge nicht gestillt werden. »Thomas Mann gierte förmlich nach Lob, er war süchtig nach Anerkennung. Von kritischen Äußerungen über sein Werk wollte er nichts wissen, er bestand darauf, daß sein Verleger, seine Sekretäre und Familienangehörigen derartige Artikel vor ihm verbargen.« (*ML* 448) Bei Lyrikern wie Erich Fried und Wolf Biermann habe er beobachten können, dass deren Talent nur noch von ihrer Egozentrik übertroffen werde. Martin Walser habe den Schriftsteller mit dem ägyptischen Hirten Psaphon verglichen, »der den Vögeln beigebracht hat, ihn zu preisen und zu besingen«. (*ML* 449) Canetti habe ihm erklärt, die meisten lebenden Dichter, die er kennengelernt habe, hätten ihm missfallen, und das Geständnis hinzugefügt, »daß man vielleicht gern der einzige wäre«. (*ML* 454) Adorno habe seine »Pfauenhaftigkeit« gar nicht erst zu tarnen versucht.

Im Zusammenhang mit vielen anderen Äußerungen, in denen er auch den Kritikern solche Schwächen bescheinigt, lässt sich erkennen, dass Reich-Ranicki in seinen Schriftstellerportraits auch eigene Schwächen im Blick hat. »Kritiker kann man nicht sein, ohne eitel zu sein. Der Kritiker ist doch die Versuchsperson, die bei sich selbst die Wirkung von Literatur testet. Dabei muß man sich selbst furchtbar wichtig nehmen.« (Gespräch mit Herlinde Koelbl in *BL* 226) Angesichts der literarischen Leistungen der Schriftsteller, über deren Schwächen er erzählte, plädierte Reich-Ranicki wiederholt für Nachsicht. Auch das war auf ihn selbst gemünzt: »Vielleicht haben wir bisweilen zu wenig Verständnis für die kleinen Schwächen großer Männer. Man zitiert gern die beiden kurzen Verse, mit denen Brechts Gedicht ›An die Nachgeborenen‹ endet: ›Gedenkt unsrer / Mit Nachsicht.‹ Bisweilen will es mir scheinen, daß uns dieses Wort von allen zugerufen wird, die zur Literatur beigetragen haben.« (*ML* 458)

Auch Reich-Ranickis Kritiker waren und sind sich darüber einig: Ohne ihn wäre das literarische Leben in Deutschland seit den sechziger Jahren des vorigen Jahrhunderts sehr viel ärmer gewesen – und erheblich langweiliger.

ANHANG

ZEITTAFEL

1920 2. Juni: Geburt Marcel Reichs in Włocławek an der Weichsel (Polen) als drittes Kind des polnischen Juden David Reich und der deutschen Jüdin Helene Reich, geb. Auerbach.

1927 Deutschsprachige Volksschule in Włocławek.

1929 Übersiedlung der Familie Reich nach Berlin – Volksschule (Berlin-Charlottenburg, Witzlebenstraße).

1930 Werner-von-Siemens-Gymnasium (Berlin-Schöneberg).

1934 Mitglied des »Jüdischen Pfadfinderbundes Deutschland«.

1935 Fichte-Gymnasium (Berlin-Wilmersdorf).

1938 Abitur – im April Ablehnung des Immatrikulationsgesuchs (Germanistik) von der Friedrich-Wilhelm-Universität Berlin – Lehrling in der Exportfirma des Juan Casparius (Berlin-Charlottenburg) – am 28. Oktober Verhaftung, Deportation nach Warschau.

1939 Emigration der Schwester Gerda und ihres Mannes Gerhard Böhm nach London.

1940 Leiter des Übersetzungs- und Korrespondenzbüros im »Judenrat« des Warschauer Gettos.

1942 22. Juli: Ehe mit Teofila Langnas – Ermordung der Eltern in Treblinka.

1943 3. Februar: Flucht aus dem Getto – Juni: Längerfristiges Versteck im Haus eines polnischen Ehepaars in einem Vorort Warschaus – 4. November: Der Bruder Alexander Herbert wird zusammen mit seiner Freundin im Kriegsgefangenen- und Arbeitslager Poniatowa ermordet oder entgeht der Erschießung durch Selbsttötung.

1944 7. September: Befreiung durch die Rote Armee – Meldung zum Dienst in der polnischen Armee – 25. Oktober: Beginn der Arbeit für die Postzensur, die dem Ministerium für Öffentliche Sicherheit (MBP) unterstellt ist.

1945 25. März: In Warschau Beamter der Abteilung III des Hauptamtes für Zensur, am 1. Juli stellvertretender Leiter der Abteilung – Eintritt in die Kommunistische Partei Polens (»Polnische Arbeiterpartei«).

1946 Januar bis März: In Berlin Arbeit in der Polnischen Militärmission und für den Auslandsnachrichtendienst – Ab April: In Warschau Mitarbeiter in der Abteilung II, Sektion IV, des MBP.

1948 Ab Februar in London unter dem Namen Ranicki Vizekonsul (später Konsul) der Republik Polen und im Rang eines Hauptmanns (polnisch: »Kapitan«) leitender Mitarbeiter des Auslandsnachrichtendienstes – 30. Dezember: Geburt des Sohnes Andrzej Alexander.

1949 November: Abberufung aus London und Rückkehr nach Warschau – 14 Tage Haft in einer Einzelzelle.

1950 25. Januar: Entlassung aus dem Auswärtigen Dienst und aus dem Geheimdienst – März: Ausschluss aus der Kommunistischen Partei – Lektor für deutsche Literatur im Verlag des Verteidigungsministeriums.

1951 Veröffentlichungen in der Warschauer Wochenzeitung *Nowa Kultura*.

1952 Freier Mitarbeiter der Warschauer Monatszeitschrift *Twórczość* – Übersetzer (zusammen mit Andrzej Wirth) von Kafkas *Das Schloß* und Dürrenmatts *Der Besuch der alten Dame*.

1953 Publikationsverbot.

1954 Aufhebung des Publikationsverbots.

1955 *Aus der Geschichte der deutschen Literatur 1871-1954.*

1957 Reisen nach Österreich und in die Bundesrepublik – *Die Epik der Anna Seghers.*

1958 21. Juli: Studienreise in die Bundesrepublik ohne Rückkehr nach Polen – Wohnort in Frankfurt am Main – Arbeit für die *Frankfurter Allgemeine*, für *Die Welt* und mehrere Rundfunksender – Oktober: erste Teilnahme an einer Tagung der »Gruppe 47«.

1959 Umzug nach Hamburg – Reihe: »Schriftsteller, die jenseits der Elbe leben« in *Die Welt* – Beendigung der Arbeit für die *Frankfurter Allgemeine.*

1960 Ständiger Literaturkritiker der Wochenzeitung *Die Zeit* – Anthologie *Auch dort erzählt Deutschland.*

1962 Anthologie *Sechzehn polnische Erzähler.*

1963 Festanstellung als Kritiker bei der Wochenzeitung *Die Zeit* – Anthologie *Deutsche Literatur in West und Ost.*

1964 Rundfunkserie »Das literarische Kaffeehaus« (zusammen mit Hans Mayer).

1965 bis 1972 Mitarbeiter der *Encyclopaedia Britannica* – *Literarisches Leben in Deutschland.*

1966 *Wer schreibt, provoziert.*

1967 *Literatur der kleinen Schritte.*

1968 Gastprofessor für Deutsche Literatur des 20. Jahrhunderts an der Washington University in St. Louis (USA) – *Die Ungeliebten. Sieben Emigranten.*

1969 Gastprofessor am Middlebury College (USA) – *Deutsche Literatur heute.*

1970 *Lauter Verrisse.*

1971 bis 1975 Gastprofessor für Neue Deutsche Literatur an den Universitäten Stockholm und Uppsala (Schweden).

1972 Ehrendoktorwürde der Universität Uppsala – Vortragsreisen nach Australien und Neuseeland.

1973 Dozent für Literaturkritik an der Universität zu Köln – Beendigung der Arbeit für *Die Zeit* – Umzug nach Frankfurt – Leiter der Redaktion für Literatur und literarisches Leben bei der *Frankfurter Allgemeinen* (bis 1988) – *Über Ruhestörer. Juden in der deutschen Literatur.*

1974 Honorarprofessor an der Universität Tübingen – Beginn der *FAZ*-Serie *Frankfurter Anthologie* – *Zur Literatur der DDR.*

1976 Heine-Plakette.

1977 bis 1986 Sprecher der Jury des Klagenfurter Wettbewerbs um den Ingeborg-Bachmann-Preis. – *Nachprüfung. Aufsätze über deutsche Schriftsteller von gestern.*

1979 Geburt der Enkeltochter Carla am 26. Dezember, Vortragsreise nach China – *Entgegnung. Zur deutschen Literatur der siebziger Jahre.*

1981 Ricarda-Huch-Preis – Edition *Wolfgang Koeppen: Die elenden Skribenten.*

1982 *Meine Schulzeit im Dritten Reich* und *Betrifft Goethe.*

1983 Wilhelm Heinse-Medaille der Akademie der Wissenschaften und der Literatur in Mainz – Edition *Alfred Polgar: Kleine Schriften.*

1984 Goethe-Plakette der Stadt Frankfurt am Main – Fernsehgespräch mit Joachim Fest in der ZDF-Serie *Zeugen des Jahrhunderts.*

1985 *Lauter Lobreden – Nichts als Literatur.*

1986 *Mehr als ein Dichter. Über Heinrich Böll* – Edition *Wolfgang Koeppen: Gesammelte Werke.*

1987 Thomas-Mann-Preis – *Thomas Mann und die Seinen – Herz, Arzt und Literatur – Zwischen Diktatur und Literatur.*

1988 bis 2002 Leiter der literaturkritischen Gesprächsserie *Das Literarische Quartett* (im ZDF).

1989 Bambi-Kulturpreis – *Romane von gestern – heute gelesen.*

1990 *Thomas Bernhard.*

1991 Heinrich Hertz-Gastprofessur an der Universität Karlsruhe – Bayrischer Fernsehpreis – Hermann Sinsheimer-Preis für Literatur und Publizistik – *Max Frisch – Ohne Rabatt – Über Literatur aus der DDR – Reden auf Hilde Spiel.*

1992 Ehrendoktorwürden der Universitäten Augsburg und Bamberg – *Der doppelte Boden. Ein Gespräch mit Peter von Matt – Günter Grass.*

1994 Debatte über die ehemalige Geheimdiensttätigkeit – *Die Anwälte der Literatur – Martin Walser – Rede über das eigene Land.*

1995 Ludwig-Börne-Preis – *Vladimir Nabokov – Die verkehrte Krone.*

1996 Cicero-Rednerpreis – *Ungeheuer oben. Über Bertolt Brecht – Wolfgang Koeppen. Drei Reden.*

1997 Ehrendoktorwürde der Heinrich-Heine-Universität Düsseldorf – *Der Fall Heine.*

1998 *Über Hilde Spiel.*

1999 Hessischer Kulturpreis – *Mein Leben.*

2000 Hölderlin-Preis in Bad Homburg und Samuel-Bogumil-Linde-Literaturpreis in Thorn / Göttingen – Goldene Kamera – *Enthusiasten der Literatur. Ein Briefwechsel mit Golo Mann.*

2001 Ehrendoktorwürde der Universität Utrecht – *Ein Jüngling liebt ein Mädchen – Vom Tag gefordert. Reden in deutschen Angelegenheiten – Martin Walser.*

2002 Fernsehserie *Reich-Ranicki Solo. Polemische Anmerkun-*

gen (im ZDF) – Ehrendoktorwürde der Universität München – Goethepreis der Stadt Frankfurt – *Erst leben, dann spielen. Über polnische Literatur* – *Goethe noch einmal* – *Lauter schwierige Patienten. Gespräche mit Peter Voß über Schriftsteller des 20. Jahrhunderts* – *Sieben Wegbereiter. Schriftsteller des zwanzigsten Jahrhunderts* – *Der Kanon. Romane.*

2003 Ausstellung seiner Bildersammlung mit Schriftstellerportraits in Lübeck und Frankfurt – *Meine Bilder. Porträts und Aufsätze* – *Meine Gedichte* – *Meine Geschichten* – *Unser Grass* – *Der Kanon. Erzählungen.*

2004 Europäischer Kulturpreis – *Der Kanon. Dramen* – *Über Amerikaner.*

2005 Staatspreis des Landes Nordrhein-Westfalen – *Der Kanon. Gedichte.*

2006 Ehrendoktorwürden der Freien Universität Berlin und der Universität Tel Aviv – *Aus persönlicher Sicht. Gespräche 1999 bis 2006* – Abschluss des Kanon-Projektes mit: *Der Kanon. Essays.*

2007 Ehrendoktorwürde der Humboldt-Universität zu Berlin.

2008 Henri-Nannen-Preis. Deutscher Fernsehpreis (nicht angenommen). – *Literatur, eine Heimat. Reden über und von Marcel Reich-Ranicki* – *Für alle Fragen offen. Antworten zur Weltliteratur.*

2009 Verfilmung von *Mein Leben.*

2010 Ludwig-Börne-Ehrenmedaille – Niederländischer Verdienstorden »Officier in de Ordre van Oranje-Nassau« – *»Fabelhaft! Aber falsch!« Marcel Reich-Ranicki in Anekdoten,* herausgegeben von Franz Josef Görtz.

2011 29. April: Tod seiner Frau Teofila.

2012 Rede am 27. Januar, dem Tag des Gedenkens an die

Opfer des Nationalsozialismus, vor dem Deutschen Bundestag.

2013 18. September: Tod Marcel Reich-Ranickis in Frankfurt am Main – *Marcel Reich-Ranicki und die Frankfurter Allgemeine Zeitung*. Herausgegeben von Hubert Spiegel.

2014 *Meine Geschichte der deutschen Literatur. Vom Mittelalter bis zur Gegenwart*, herausgegeben von Thomas Anz.

2015 4. März: Geburt seines Urenkels Nico Marcel – Erweiterte Neuauflage der Biografie von Uwe Wittstock – *Marcel Reich-Ranicki. Meine deutsche Literatur seit 1945*. Herausgegeben von Thomas Anz – *Der Briefwechsel mit Peter Rühmkorf*, herausgegeben von Christoph Hilse und Stephan Opitz.

2018 21. Februar: Tod seines Sohnes Andrew.

2019 *Das Duell. Die Geschichte von Günter Grass und Marcel Reich-Ranicki.* Von Volker Weidermann.

2020 27. Februar: Geburt seines zweiten Urenkels, Alex Andrew – Veranstaltungen und zahlreiche neue Veröffentlichungen zum 100. Geburtstag von Marcel Reich-Ranicki am 2. Juni.

BIBLIOGRAFIE

Eine einigermaßen vollständige Bibliografie der Arbeiten von und über Marcel Reich-Ranicki hätte den Umfang eines eigenen Buches. Das folgende Literaturverzeichnis enthält daher nur die von Reich-Ranicki verfassten und herausgegebenen Bücher, eine Auswahl wichtiger Interviews mit und Artikel von ihm sowie Hinweise auf einschlägige Publikationen über ihn. Ein ausführlicheres Literaturverzeichnis, das auch seine Schriften in polnischer Sprache umfasst, findet sich in dem Band von Volker Hage und Mathias Schreiber (*Marcel Reich-Ranicki*. Köln 1995. Aktualisierte Ausgabe München: dtv 1997), eine darauf aufbauende, weit umfassendere und ständig aktualisierte Bibliografie in dem Internetportal http://m-reich-ranicki.de.

ABKÜRZUNGEN VON BUCHTITELN

A: Die Akte Ranicki (Tycner)
AL: Die Anwälte der Literatur
BL: Betrifft Literatur (Wapnewski)
DA: Doppelagent zwischen Diensten, Diplomaten und Dementis (Starzyński)
DB: Der doppelte Boden
E: Entgegnung
G: Goethe noch einmal
G47: Die Gruppe 47
KB: Kritik als Beruf
LK: Literatur und Kritik (Jens)
LL: Literarisches Leben in Deutschland

LM: Lieber Marcel (Hieber)
LP: Lauter schwierige Patienten
LV: Lauter Verrisse
MB: Meine Bilder
ML: Mein Leben
MRR: Marcel Reich-Ranicki (Hage/Schreiber)
MW: Martin Walser
N: Nachprüfung
NL: Nichts als Literatur
OR: Ohne Rabatt
SW: Sieben Wegbereiter
TM: Thomas Mann und die Seinen
UG: Unser Grass
ÜL: Über Literaturkritik
ÜM: Über Marcel Reich-Ranicki (Jessen)
ÜR: Über Ruhestörer
VT: Vom Tag gefordert
WK: Wolfgang Koeppen
WL: Welch ein Leben
WSP: Wer schreibt, provoziert
ZD: Zwischen Diktatur und Literatur

1. SELBSTSTÄNDIGE BUCHVERÖFFENTLICHUNGEN

Z dziejów literatury niemieckiej 1871-1954. [Aus der Geschichte der deutschen Literatur 1871-1954.] Warschau: Wiedza powszechna 1955 [unter dem Namen Marceli Ranicki].

Epika Anny Seghers. [Die Epik der Anna Seghers.] Warschau: Czytelnik 1957 [unter dem Namen Marceli Ranicki].

Deutsche Literatur in West und Ost. Prosa seit 1945. München: Piper 1963. [Taschenbuch-Ausgabe: Hamburg: Rowohlt 1970. – Neuausgabe: Stuttgart: Deutsche Verlags-Anstalt 1983. Taschenbuch-Ausgabe: München: dtv 1985.]

Literarisches Leben in Deutschland. Kommentare und Pamphlete. München: Piper 1965.

Wer schreibt, provoziert. Kommentare und Pamphlete. München: dtv 1966. [Taschenbuch-Ausgabe: Frankfurt/M.: S. Fischer 1993.]

Literatur der kleinen Schritte. Deutsche Schriftsteller heute. München: Piper 1967. [Erweiterte Taschenbuch-Ausgabe: Frankfurt/M., Berlin, Wien: Ullstein 1971. – Abermals erweiterte Taschenbuch-Ausgabe: München: dtv 1991.]

Die Ungeliebten. Sieben Emigranten. Pfullingen: Neske 1968.

Lauter Verrisse. Mit einem einleitenden Essay. München: Piper 1970. [Erweiterte Taschenbuch-Ausgabe: Frankfurt/M., Berlin, Wien: Ullstein 1973. – Erweiterte Neuausgabe: Stuttgart: Deutsche Verlags-Anstalt 1984. – Taschenbuch-Ausgabe: München: dtv 1992.]

Über Ruhestörer. Juden in der deutschen Literatur. München: Piper 1973. [Erweiterte Taschenbuch-Ausgabe: Frankfurt/M., Berlin, Wien: Ullstein 1977. – Erweiterte Neuausgabe: Stuttgart: Deutsche Verlags-Anstalt 1989. – Abermals erweiterte Neuausgabe: München: dtv 1993.]

Zur Literatur der DDR. München: Piper 1974.

Nachprüfung. Aufsätze über deutsche Schriftsteller von gestern. München: Piper 1977. [Erweiterte Neuausgabe: Stuttgart: Deutsche Verlags-Anstalt 1980. – Taschenbuch-Ausgabe: München: dtv 1984. – Erweiterte Taschenbuch-Ausgabe: München: dtv 1990.]

Entgegnung. Zur deutschen Literatur der siebziger Jahre. Stuttgart:

Deutsche Verlags-Anstalt 1979. [Erweiterte Neuausgabe: Stuttgart: Deutsche Verlags-Anstalt 1981. –Taschenbuch-Ausgabe: München: dtv 1982.]

Betrifft Goethe. (Zusammen mit der Rede des Kanzlers Friedrich von Müller von 1832.) Zürich, München: Artemis 1982. [Neuausgabe: Frankfurt/M.: S. Fischer 1995.]

Nichts als Literatur. Aufsätze und Anmerkungen. Stuttgart: Reclam 1985. [Bio-bibliographisch ergänzte Ausgabe: Stuttgart: Reclam 1990.]

Lauter Lobreden. Stuttgart: Deutsche Verlags-Anstalt 1985. [Taschenbuch-Ausgabe: München: dtv 1992.]

Mehr als ein Dichter. Über Heinrich Böll. Köln: Kiepenheuer & Witsch 1986. [Taschenbuch-Ausgabe: München: dtv 1994.]

Thomas Mann und die Seinen. Stuttgart: Deutsche Verlags-Anstalt 1987. [Taschenbuch-Ausgabe: Frankfurt/M.: S. Fischer 1990.]

Zwischen Diktatur und Literatur. Marcel Reich-Ranicki im Gespräch mit Joachim Fest. Frankfurt/M.: S. Fischer 1987 und 1993.

Herz, Arzt und Literatur. Zwei Aufsätze. Zürich: Ammann 1987.

Thomas Bernhard. Aufsätze und Reden. Zürich: Ammann 1990. [Taschenbuch-Ausgabe: Frankfurt/M.: Fischer 1993.]

Max Frisch. Aufsätze. Zürich: Ammann 1991. [Taschenbuch-Ausgabe: Frankfurt/M.: S. Fischer 1994.]

Ohne Rabatt. Über Literatur aus der DDR. Stuttgart: Deutsche Verlags-Anstalt 1991. [München: dtv 1993.]

Reden auf Hilde Spiel. München: List 1991. [Erweiterte Taschenbuchausgabe: Über Hilde Spiel. München: dtv 1998.]

Günter Grass. Aufsätze. Zürich: Ammann 1992. [Taschenbuch-Ausgabe: Frankfurt/M.: S. Fischer 1994 und 1999.]

Die Anwälte der Literatur. Stuttgart: Deutsche Verlags-Anstalt 1994. [Taschenbuch-Ausgabe: München: dtv 1996.]

Martin Walser. Mit Fotografien von Isolde Ohlbaum. Zürich: Ammann 1994. [Taschenbuch-Ausgabe mit Fotografien von Barbara Klemm: Frankfurt/M.: S. Fischer 1996.]

Vladimir Nabokov. Zürich: Ammann 1995. [Taschenbuch-Ausgabe: Frankfurt/M.: S. Fischer 1998.]

Die verkehrte Krone. Über Juden in der deutschen Literatur. Wiesbaden: Reichert 1995.

Ungeheuer oben. Über Bertolt Brecht. Berlin: Aufbau 1996. [Erweiterte Taschenbuch-Ausgabe: Berlin: Aufbau 2001.]

Wolfgang Koeppen. Zürich: Ammann 1996. [Taschenbuch-Ausgabe: Frankfurt/M.: S. Fischer 1998.]

Der Fall Heine. Stuttgart: Deutsche Verlags-Anstalt 1997. [Taschenbuch-Ausgabe: München: dtv 2000.]

Mein Leben. Stuttgart: Deutsche Verlags-Anstalt 1999. [15. Aufl. 2000; Taschenbuch-Ausgabe: München: dtv 2000 und 2003; München: Pantheon 2012]

Ein Jüngling liebt ein Mädchen. Frankfurt/M., Leipzig: Insel 2001.

Vom Tag gefordert. Reden in deutschen Angelegenheiten. Stuttgart: Deutsche Verlags-Anstalt 2001.

Erst leben, dann spielen. Über polnische Literatur. Göttingen: Wallstein 2002.

Goethe noch einmal. Reden und Anmerkungen. Stuttgart, München: Deutsche Verlags-Anstalt 2002.

Lauter schwierige Patienten. Gespräche mit Peter Voß über Schriftsteller des 20. Jahrhunderts. Berlin, München: Propyläen 2002.

Sieben Wegbereiter. Schriftsteller des zwanzigsten Jahrhunderts. Stuttgart, München: Deutsche Verlags-Anstalt 2002.

Über Literaturkritik. Stuttgart, München: Deutsche Verlags-Anstalt 2002.

Kritik als Beruf. Drei Gespräche, ein kritisches Intermezzo und

ein Porträt. Hg. von Peter Laemmle. Frankfurt/M.: S. Fischer 2002.
Wir sitzen alle im gleichen Zug. Bilder und Texte (mit Teofila Reich-Ranicki). Ausgewählt von Hans-Joachim Simm. Frankfurt/M., Leipzig: Insel 2003.
Meine Bilder. Porträts und Aufsätze. Stuttgart, München: Deutsche Verlags-Anstalt 2003.
Unser Grass. München: Deutsche Verlags-Anstalt 2003 [Erweiterte Ausgabe. Hg. von Thomas Anz. Marburg: LiteraturWissenschaft.de 2020].
Meine Geschichte der deutschen Literatur. Vom Mittelalter bis zur Gegenwart. Hg. von Thomas Anz. München: Deutsche Verlags-Anstalt 2014.
Meine deutsche Literatur seit 1945. Hg. von Thomas Anz. München: Deutsche Verlags-Anstalt 2015.
Die Gruppe 47. Berichte, Aufsätze und Erinnerungen 1958 bis 2003. Hg. von Thomas Anz. Marburg an der Lahn: Literatur-Wissenschaft.de 2017.

2. HERAUSGEGEBENE BÜCHER

Auch dort erzählt Deutschland. Prosa von »drüben«. München: List 1960.
Sechzehn polnische Erzähler. Reinbek bei Hamburg: Rowohlt 1962.
Erfundene Wahrheit. Deutsche Geschichten seit 1945. München: Piper 1965.
Notwendige Geschichten 1933-1945. München: Piper 1967. [Taschenbuch-Ausgabe: München: dtv 1980. – Neuausgabe: München: Piper 1994.]
In Sachen Böll. Ansichten und Einsichten. Köln: Kiepenheuer &

Witsch 1968. [3., erweiterte Auflage Köln: Kiepenheuer & Witsch 1970. – Taschenbuch-Ausgabe: München: dtv 1971.]

Gesichtete Zeit. Deutsche Geschichten 1918-1933. München: Piper 1969. [Taschenbuch-Ausgabe: München: dtv 1980. – Neuausgabe: München: Piper 1992.]

Anbruch der Gegenwart. Deutsche Geschichten 1900-1918. München: Piper 1971. [Taschenbuch-Ausgabe: München: dtv 1980. – Neuausgabe: München: Piper 1992.]

Erfundene Wahrheit. Deutsche Geschichten 1945-1960. Veränderte Neuauflage. München: Piper 1972. [Taschenbuch-Ausgabe: München: dtv 1980. – Neuausgabe: München: Piper 1995.]

Verteidigung der Zukunft. Deutsche Geschichten seit 1960. München: Piper 1972. [Erweiterte Auflage: München, Zürich: Piper 1975. – Taschenbuch-Ausgabe: München: dtv 1980. – Neuausgabe: München: Piper 1995.]

Frankfurter Anthologie. Gedichte und Interpretationen. Frankfurt/M.: Insel 1976 ff. Bis 2010 sind im Insel Verlag 33 Bände erschienen. Von 2011 bis 2015 wurden die von Reich-Ranicki herausgegebenen Bände 34 bis 38 im S. Fischer Verlag, Frankfurt/M., veröffentlicht.

Ludwig Börne. Spiegelbild des Lebens. Aufsätze über Literatur. Frankfurt/M.: Suhrkamp 1977. [Erweiterte Neuausgabe: Frankfurt/M., Leipzig: Insel 1993.]

Klagenfurter Texte zum Ingeborg-Bachmann-Preis. Sechs Bände 1977-1982. Mitherausgegeben von Humbert Fink und Ernst Willner. München: List 1977-1982. Vier Bände 1983-1986. Mitherausgegeben von Humbert Fink. München: List 1983-1986.

Wolfgang Koeppen: Die elenden Skribenten. Aufsätze. Frankfurt/M.: Suhrkamp 1981. [Taschenbuch-Ausgabe: Frankfurt/M.: Suhrkamp 1984.]

Meine Schulzeit im Dritten Reich. Erinnerungen deutscher Schriftsteller. Köln: Kiepenheuer & Witsch 1982. [Taschenbuch-Ausgabe: München: dtv 1984. – Erweiterte Neuausgabe: Köln: Kiepenheuer & Witsch 1988. – Erweiterte Taschenbuch-Ausgabe: München: dtv 1993.]

Alfred Polgar: Kleine Schriften. Sechs Bände. Reinbek bei Hamburg: Rowohlt 1982-1986. [Taschenbuch-Ausgabe: Reinbek bei Hamburg: Rowohlt 1994.]

Über die Liebe. Gedichte und Interpretationen aus der Frankfurter Anthologie. Frankfurt/M.: Insel 1985.

Wolfgang Koeppen: Gesammelte Werke. Sechs Bände. Frankfurt/M.: Suhrkamp 1986. [Taschenbuch-Ausgabe: Frankfurt/M.: Suhrkamp 1990 ff.]

Was halten Sie von Thomas Mann? Achtzehn Autoren antworten. Frankfurt/M.: S. Fischer 1986. [Neuausgabe: Frankfurt/M.: S. Fischer: 1994.]

Erzählte Gegenwart. Zehn Jahre Ingeborg-Bachmann-Preis. München, Zürich: Piper 1986.

Johann Wolfgang von Goethe. Alle Freuden, die unendlichen. Liebesgedichte und Interpretationen. Frankfurt/M.: Insel 1987.

Romane von gestern – heute gelesen. Band 1: 1900-1918. Frankfurt/M.: S. Fischer 1989. Band 2: 1918-1933. Frankfurt/M.: S. Fischer 1989. Band 3: 1933-1945. Frankfurt/M.: S. Fischer 1990. [Aktualisierte Taschenbuch-Ausgabe: Frankfurt/M.: S. Fischer 1996.]

Horst Krüger – ein Schriftsteller auf Reisen. Materialien und Selbstzeugnisse. Hamburg: Hoffmann und Campe 1989.

Johann Wolfgang von Goethe. Verweile doch. 111 Gedichte und Interpretationen. Frankfurt/M., Leipzig: Insel 1992. [Taschenbuch-Ausgabe: Frankfurt/M., Leipzig: Insel 1997.]

Wolfgang Koeppen. Ohne Absicht. Gespräch mit Marcel Reich-Ranicki in der Reihe »Zeugen des Jahrhunderts«. Göttingen: Lamuv 1994.
Hermann Burger: Erzählungen. Frankfurt/M.: S. Fischer 1994.
Deutsche Erzähler des 20. Jahrhunderts. Von Arthur Schnitzler bis Robert Musil. Zürich: Manesse 1994.
Deutsche Erzähler des 20. Jahrhunderts. Von Joseph Roth bis Hermann Burger. Zürich: Manesse 1994.
1000 deutsche Gedichte und ihre Interpretationen. Zehn Bände. Frankfurt/M., Leipzig: Insel 1994.
Rainer Maria Rilke. Und ist ein Fest geworden. 33 Gedichte mit Interpretationen. Frankfurt/M., Leipzig: Insel 1996. [Taschenbuch-Ausgabe: Frankfurt/M., Leipzig: Insel 2000.]
Heinrich Heine. Ich hab im Traum geweinet. 44 Gedichte mit Interpretationen. Frankfurt/M., Leipzig: Insel 1997. [Taschenbuch-Ausgabe: Frankfurt/M., Leipzig: Insel 2001.]
Frauen dichten anders. 181 Gedichte mit Interpretationen. Frankfurt/M., Leipzig: Insel 1998. [Taschenbuch-Ausgabe: Frankfurt/M., Leipzig: Insel 2002.]
Hundert Gedichte des Jahrhunderts. Frankfurt/M., Leipzig: Insel 2000.
… und alle Fragen offen. Das Beste aus dem Literarischen Quartett. München: Heyne 2000.
Bertolt Brecht. Der Mond über Soho. 66 Gedichte mit Interpretationen. Frankfurt/M., Leipzig: Insel 2002.
1400 deutsche Gedichte und ihre Interpretationen. Frankfurt/M., Leipzig: Insel 2002.
Der Kanon. Die deutsche Literatur. Romane. 20 Bde. Frankfurt/M., Leipzig: Insel 2002.
Erich Kästner – Ein Dichter gibt Auskunft. 150 Gedichte. Ausge-

wählt und mit einem Essay von Marcel Reich-Ranicki. Zürich: Atrium 2003.
Meine Gedichte von Walther von der Vogelweide bis heute. Frankfurt/M., Leipzig: Insel 2003.
Meine Geschichten. Von Johann Wolfgang Goethe bis heute. Frankfurt/M.: Insel 2003.
Der Kanon. Die deutsche Literatur. Erzählungen. 10 Bände und ein Begleitband im Schuber. Frankfurt/M.: Insel 2003.
Die besten deutschen Erzählungen. Ausgewählt von Marcel Reich-Ranicki. Berlin: Insel 2012.
Die besten deutschen Gedichte. Ausgewählt von Marcel Reich-Ranicki. Berlin: Insel 2012.
Die besten deutschen Geschichten und Gedichte. Ausgewählt von Marcel Reich-Ranicki. Berlin: Insel 2020.

3. ARTIKEL, GESPRÄCHE, BRIEFE (STARK AUSGEWÄHLT UND CHRONOLOGISCH GEORDNET)

Auf gut Glück getrommelt. [Über Günter Grass: Die Blechtrommel] In: Die Zeit vom 1. 1. 1960. [Auch in: UG 13-18.]
Der Fall Wolfgang Koeppen. Ein Lehrbeispiel dafür, wie man in Deutschland mit Talenten umgeht. In: Die Zeit vom 8. 9. 1961. [Auch in WK 11-24.]
Das Fernsehen und die Literatur (1961). Auch in WSP 20-22.
Kritik der Kritik der Kritik. Auch in LL 217-221.
Engagierte Literatur – wozu? Auch in LL 230-233.
Klaus Mann. Mephisto, der Roman einer Karriere. In: Die Zeit vom 18. 2. 1966. [Auch (unter dem Titel »Klaus Mann und Gustav Gründgens«) in N 333-339 und in TM 192-199.]

Anna Seghers. Bankrott einer Erzählerin. In: Die Zeit vom 14. 3. 1969. [Auch in LV 137-141 und in OR 34-37.]

Im magischen Judenkreis. [Rede zur Münchner Ausstellung der Werke von Autoren jüdischer Herkunft in deutscher Sprache, 1. 3. 1970]. Gekürzte Fassung in: Süddeutsche Zeitung vom 21./22. 3. 1970. [überarbeitete und stark erweiterte Fassung auch in ÜR 29-45.]

Gegen die linken Eiferer. In: Die Zeit vom 11. 5. 1973. [Auch in NL 38-42.]

Martin Walser. Sein Tiefpunkt. In: F.A.Z. vom 27. 3. 1976. [Auch in E 175-179 und in MW 67-74.]

Martin Walser. Sein Glanzstück. In: F.A.Z. vom 24. 1. 1978. [Auch in E 179-182 und in MW 75-79.]

Manchmal wurde die Langeweile schier unerträglich. Der Roman »Der junge Mann« des erfolgreichen Autors Botho Strauß. In: F.A.Z. vom 1. 12. 1984.

In eigener Sache. Zu einer Beilage der »Neuen Zürcher Zeitung« über die Literaturkritik. In: F.A.Z. vom 7. 3. 1985.

Ein katastrophales Buch. [Über Günter Grass: Die Rättin.] In: F.A.Z. vom 10.5. 1986. [Auch in UG 113-122.]

Eine Jahrhunderterzählung: Tonio Kröger. Dankrede aus Anlaß der Verleihung des Thomas-Mann-Preises. In: F.A.Z. vom 14. 4. 1987. [Auch in TM 93-108.]

Marcel Reich-Ranicki. Herlinde Koelbl im Gespräch mit Marcel Reich-Ranicki, in: Jüdische Portraits, hg. von Herlinde Koelbl. Frankfurt/M. 1989.

Ein Gegner der Meinungsfreiheit. Frankfurter Anthologie – Interpretation von Johann Wolfgang Goethes »Der Rezensent«. In: F.A.Z. vom 20. 1. 1990. [Auch in G 127-130.]

Der doppelte Boden. Ein Gespräch mit Peter von Matt. Zürich:

Ammann 1992. [Taschenbuch-Ausgabe: Frankfurt/M.: S. Fischer 1994. Erweiterte Ausgabe: Peter von Matt/Marcel Reich-Ranicki: Der doppelte Boden. Ein Gespräch über Literatur und Kritik. Hg. von Thomas Anz. Marburg: LiteraturWissenschaft.de 2018; Neue Ausgabe: Zürich: Kampa 2020.]

Kritiker sind einsam. Spiegel-Interview, 4. Oktober 1993. [Auch in MRR 165-188.]

Tante Christa, Mutter Wolfen. Über Christa Wolfs Buch »Auf dem Weg nach Tabou«. In: Der Spiegel vom 4. 4. 1994.

Ja, ich habe daran geglaubt. Ulrich Greiner im Gespräch mit Marcel Reich-Ranicki. In: Die Zeit, 10. 6. 1994.

Es waren harmlose Berichte. Spiegel-Interview, 20. 6. 1994. [Auch in MRR 189-205.]

Rede über das eigene Land. Zwischen deutscher Welt und deutscher Gegenwelt: Grenzgänge mit unsichtbarem Gepäck. In: F.A.Z. vom 26. 11. 1994. [Unter dem Titel »Über das eigene Land« auch in VT 154-180.]

Die doppelte Optik der Kritik. Dankrede zur Verleihung des Ludwig-Börne-Preises für Essay, Kritik und Reportage. In: F.A.Z. vom 11. 11. 1995. [Auch in VT 22-36.]

Hieber, Jochen (Hg.): Lieber Marcel. Briefe an Reich-Ranicki. Stuttgart: Deutsche Verlags-Anstalt 1995. [Taschenbuch-Ausgabe: Berlin: Aufbau Verlag 1999. Erweiterte Auflage: Stuttgart: Deutsche Verlags-Anstalt 2000.]

Drei ältere Herren bilden ein geschlossenes System. Was sie übereinander zu sagen hatten: Die Reden zur Verleihung des Hessischen Kulturpreises an Jürgen Habermas, Marcel Reich-Ranicki und Siegfried Unseld. In: F.A.Z. vom 20. 12. 1999.

Glanz und Elend der Redekunst. Rede, gehalten am 1. 7. 1997, aus Anlaß des dreißigjährigen Bestehens des Seminars für Allgemeine Rhetorik an der Universität Tübingen. In: VT 37-55.

Die verkehrte Krone. Vortrag, gehalten am 12. 1. 1995 in einer Feierstunde aus Anlaß des fünfzehnjährigen Bestehens der Hochschule für Jüdische Studien in Heidelberg und der Verleihung des Promotionsrechts. In: VT 56-78.

Wie von Furien gejagt: Hölderlin. Dankrede aus Anlaß der Verleihung des Friedrich-Hölderlin-Preises 2000, zusammen mit den einleitenden Abschnitten der Laudatio auf Peter Härtling aus Anlaß der Verleihung des Friedrich-Hölderlin-Preises 1987. In: VT 102-123.

Marcel Reich-Ranicki / Golo Mann: Enthusiasten der Literatur. Ein Briefwechsel. Hg. von Volker Hage. Frankfurt/M.: S. Fischer 2000.

Robert Musil. Der Zusammenbruch eines großen Erzählers. In: SW 155-202.

Die Literatur ist ein Spiel – wie die Liebe. Dankrede zur Verleihung des Goethepreises. In: G 101-120.

Marcel Reich-Ranicki / Peter Rühmkorf: Der Briefwechsel. Hg. von Christoph Hilse und Stephan Opitz. Göttingen: Wallstein 2015.

Assall, Paul (Hg.): »Ich schreibe unentwegt ein Leben lang«. Marcel Reich-Ranicki im Gespräch [1986]. München: Piper 2020.

4. ÜBER REICH-RANICKI

Ahmadi, Jasmin: Der Papst und der Bienenkorb. Marcel Reich-Ranicki als ein Akteur im literarischen Feld der Bundesrepublik. Frankfurt am Main u. a.: Lang 2015.

Anz, Thomas: Marcel Reich-Ranicki. München: dtv 2004.

Baumann, Stephanie / Bénédicte Terrisse (Hg.): Marcel Reich-Ranicki – une critique littéraire populaire? In: Germanica 65 / 2019. Villeneuve d'Ascq: Université de Lille 2020.

Bienek, Horst: Die Wiederentdeckung Wolfgang Koeppens. In: ÜM 71-77.
Biermann, Wolf: »In die Falle getappt«. Offener Brief von Wolf Biermann an Jürgen Fuchs – in Sachen Reich-Ranicki. In: Der Spiegel vom 4.7.1994.
Biermann, Wolf: Faule Tomaten. Wolf Biermann über den Fall Reich-Ranicki. In: Der Spiegel vom 13.6.1994.
Busche, Jürgen: Zwischen Bond und Butt. Marcel Reich-Ranicki und seine Geheimdienstvergangenheit. In: Süddeutsche Zeitung vom 20.6.1994.
Czernin, Franz Josef: Marcel Reich-Ranicki. Eine Kritik. Göttingen: Steidl 1995.
Dittberner, Hugo: Der Mann in der Arena. Über Marcel Reich-Ranicki. In: Text und Kritik, Heft 100: Über Literaturkritik (Oktober 1988), S.10-22. [Auch in BL 60-79]
Gnauck, Gerhard: »Kennt die Psyche des Agenten«. Die polnische Geheimdienst-Karriere Marcel Reich-Ranickis im Spiegel seiner Personalakte. In: Die Welt vom 12.8.2002.
Gnauck, Gerhard: Wolke und Weide. Marcel Reich-Ranickis polnische Jahre. Stuttgart: Klett-Cotta 2009.
Grabowska, Agnieszka: Marceli Ranicki – Polnischer Kritiker der deutschen Literatur. Poznan 1991 (Magisterarbeit, Manuskript).
Hage, Volker und Matthias Schreiber: Marcel Reich-Ranicki. Ein biographisches Porträt. Köln: Kiepenheuer & Witsch 1995. [Aktualisierte Ausgabe: München: dtv 1997.]
Hartmann, Rainer: Literaturkritik im literaturfernen Medium Fernsehen. Literaturvermittlung im Spannungsfeld zwischen kritischem Anspruch und TV-Realität am Beispiel des »Literarischen Quartetts« mit Marcel Reich-Ranicki. Marburg: LiteraturWissenschaft.de 2011.
Heller, Edith: Begegnung mit einer schwierigen Vergangenheit.

Stationen der politischen Biographie des Marcel Reich-Ranicki. In: Hamburger Abendblatt vom 22. 6. 1994.

Helling, Reinhard: Sozio-biographische Studie über den Literaturkritiker Marcel Reich-Ranicki und sein publizistisches Wirken in der Bundesrepublik Deutschland 1958 bis 1992. Hamburg 1993 (Diplomarbeit, Manuskript; digitale Kopie Marburg an der Lahn: LiteraturWissenschaft.de 2011: https://literatur wissenschaft.de/pdf/ Helling_Reich-Ranicki.pdf).

Hettche, Thomas: Statt einer Literaturgeschichte. In: F. A. Z. vom 23. 10. 1993.

Hussel, Elke: Das literarische Quartett im Lichte der Systemtheorie. Marburg: Tectum 2000.

Jens, Walter: Aufklärung und Polemik. Laudatio aus Anlaß der Verleihung der Heine-Plakette. In: Heine Jahrbuch 1977, S. 166-173.

Jens, Walter (Hg.): Literatur und Kritik. Aus Anlaß des 60. Geburtstages von Marcel Reich-Ranicki. Stuttgart: Deutsche Verlags-Anstalt 1980.

Jessen, Jens (Hg.): Über Marcel Reich-Ranicki. Aufsätze und Kommentare. München: dtv 1985.

Kaiser, Joachim: Über einen Satz des Kritikers Marcel Reich-Ranicki. In: Text und Kritik, Heft 100: Über Literaturkritik (Oktober 1988), S. 23-24.

Karasek, Hellmuth: Des Bänkelsängers Fluch. In: Der Spiegel vom 11. 7. 1994.

Kinder, Hermann: Schweine-Bande. In: Text und Kritik, Heft 100: Über Literaturkritik (Oktober 1988), S. 30-36.

Klein, Jürgen: Dialog mit Koeppen. München: Fink 2017 (9. Marcel Reich-Ranickis Koeppen, S. 149-184).

Koeppen, Wolfgang: Er schreibt über mich, also bin ich. In: ÜM 10-13.

Muschg, Adolf: Kritisches Wäldchen. In: ÜM 152-160.

Neumann, Uwe: Kein weites Feld. Zum Briefwechsel zwischen Günter Grass und Marcel Reich-Ranicki. In: Freipass. Forum für Literatur, Bildende Kunst und Politik, Bd. 3, 2018, S. 142-195.

Neumann, Uwe: Der große Zackenbarsch. Marcel Reich-Ranicki als literarische Figur. Marburg: LiteraturWissenschaft.de 2020.

Nowakowski, Tadeusz: Geboren in Wloclawek. In: ÜM 23-34.

Ranicki, Andrew: Familiengeschichten nach dem Holocaust. Erinnerungen an Teofila und Marcel Reich-Ranicki. In: Literaturkritik.de 3 / 2017 (https://literaturkritik.de/id/23112). [Zuerst ohne diesen Titel erschienen in: Andrea von Treuenfeld: Erben des Holocaust. Leben zwischen Schweigen und Erinnerung. Nina Ruge, Ilja Richter, Marcel Reif, Josef Schuster, Rahel Salamander, Andrew Ranicki, Andreas Nachama uvm. Gütersloh: Gütersloher Verlagshaus 2017, S. 44-55.]

Reus, Gunter: Marcel Reich-Ranicki. Kritik für alle. Darmstadt: wbg Theiss 2020.

Sauerland, Karol: Aus polnischer Sicht. In: Text und Kritik, Heft 100: Über Literaturkritik (Oktober 1988), S. 6-9.

Schirrmacher, Frank: Der geträumte Kritiker. Laudatio auf Marcel Reich-Ranicki aus Anlaß der Verleihung der Wilhelm-Leuschner-Medaille. In: F. A. Z. vom 24. 4. 1993.

Schirrmacher, Frank (Hg.): Marcel Reich-Ranicki. Sein Leben in Bildern. Stuttgart, München: Deutsche Verlags-Anstalt 2000. [Taschenbuch-Ausgabe: München: dtv 2001.]

Schultz-Gerstein, Christian: Ein furchtbarer Kunst-Richter. In: Der Spiegel vom 21. 8. 1978. [Auch in: Christian Schultz-Gerstein: Rasende Mitläufer. Porträts, Essays, Reportagen, Glossen. Berlin: Edition Tiamat 1987, S. 57-61.]

Spiegel, Hubert (Hg.): Welch ein Leben. Marcel Reich-Ranickis

Erinnerungen. Stimmen, Kritiken, Dokumente. München: dtv 2000.

Spiegel, Hubert (Hg.): Begegnungen mit Marcel Reich-Ranicki. Frankfurt/M.: Insel 2005.

Starzyński, Krzyszof: Doppelagent zwischen Diensten, Diplomaten und Dementis. Erinnerungen eines polnischen Geheimdienstoffiziers. Aufgezeichnet von Karsten Lohmeyer. Berlin: Brandenburgisches Verlagshaus 1997.

Stehle, Hansjakob: Ein Jude und ein Kommunist. In: ÜM 35-44.

Tycner, Janusz: Die Akte Ranicki. In: Die Zeit vom 15.7.1994.

Wapnewski, Peter (Hg.): Betrifft Literatur. Über Marcel Reich-Ranicki. Stuttgart: Deutsche Verlags-Anstalt 1990. [Taschenbuch-Ausgabe: München: dtv 1995.]

Weidermann, Volker: Das Duell. Die Geschichte von Günter Grass und Marcel Reich-Ranicki. Köln: Kiepenheuer & Witsch 2019.

Wittkowski, Joachim: Das souveräne Bekenntnis zu sich selbst. Notizen zu einem »Fall« der bundesdeutschen Literaturkritik. In: Text und Kritik, Heft 100: Über Literaturkritik (Oktober 1988), S. 59-65.

Wittstock, Uwe: Marcel Reich-Ranicki. Die Biografie. München: Piper 2020 (zuerst mit dem Untertitel »Geschichte eines Lebens«, München: Blessing 2005; komplett überarbeitete Auflage mit neuem Untertitel ebenda 2015; überarbeitete Taschenbuch-Ausgabe 2020).

NACHBEMERKUNG UND DANK

Über Reich-Ranicki zu schreiben war und ist auch noch seit seinem Tod im September 2013 ein Risiko. Dieser Kritiker hat die öffentliche Meinung über seine Person und seine Standpunkte derart polarisiert und emotionalisiert, dass auch diejenigen, die etwas über ihn publizieren, ihre Leser geradezu reflexartig zu Freunden oder Feinden machen. Als Ausweg bietet sich da der Gestus neutraler und gleichsam überparteilicher Ausgewogenheit an, der offenlässt, wie man es mit Reich-Ranicki hält. Diese zuerst 2004 erschienene und im Jahr seines 100. Geburtstags aktualisierte Biografie geht diesen Weg nicht. Bei aller analytischen Distanz und mancher Ambivalenz macht sie keinen Hehl daraus, dass sie mit viel Sympathie für die Person Reich-Ranicki und mit hohem Respekt vor seinen Leistungen geschrieben wurde. Zu den Absichten dieser Biografie gehört es nicht zuletzt, den massenhaft verbreiteten Klischees der Kritik an Reich-Ranicki entgegenzutreten und zu zeigen, dass sie oft auf nur oberflächlichen Informationen und fragwürdigen Voraussetzungen beruhen. Gerade auch unter meinen literaturwissenschaftlichen Kollegen, denen oft schon die Popularität von Reich-Ranickis Beschäftigungen mit Literatur oder denen Literaturkritik generell suspekt ist, waren und sind solche Klischees gang und gäbe.

Bei meiner Arbeit an der Biografie bin ich vielfältig unterstützt worden. Zu danken habe ich meinen Marburger Studenten und Mitarbeitern für Anregungen, Hilfe und Kritik, namentlich Oliver Pfohlmann, Petra Porto, Alexandra Pontzen und Bianca Schimansky. Dank für die Geduld und konstruktive Verbesserungsvorschläge schulde ich Andrea Wörle, der Lektorin der ersten Fassung im Deutschen Taschenbuch Verlag, sowie Gesine Dammel, der Lektorin der neuen und erweiterten im Insel Verlag. Gedankt sei weiterhin denen, die mit ihren umfassenden Recherchen und Veröffentlichungen zu Reich-Ranickis Leben nach dem Erscheinen der ersten Fassung mein Wissen über ihn erheblich bereichert haben, namentlich Volker Weidermann und Uwe Wittstock. Und bedanken möchte ich mich nicht zuletzt bei Reich-Ranickis Erben, dem im Februar 2018 gestorbenen Sohn Andrew Ranicki mit seiner Frau Ida Thompson und seiner Tochter Carla Ranicki, für manche freundschaftliche Hilfe.

Zu danken habe ich vor allem aber Reich-Ranicki selbst. Seit 1981/82, als ich ein Jahr lang zu seinen Mitarbeitern in der Literaturredaktion der *FAZ* gehörte, habe ich von ihm über Literaturkritik viel gelernt. Bei der Arbeit an der Erstausgabe dieser Biografie gab er mir jede Unterstützung, die ich mir wünschte. Selbst auf Fragen, die ihn »tödlich langweilten«, hat er mir geantwortet. Dass er mich in seinem Testament zu seinem Testamentsvollstrecker im Bereich der Literarischen Nachlassverwaltung bestimmt hat, ist weiteren, vertieften Einsichten in sein Leben und Werk zugutegekommen.

In dieser Biografie wird Reich-Ranicki ausgiebig zitiert. Einer seiner letzten Artikel vor der Beendigung meines Manuskripts der Erstausgabe, die Rezension zu dem Gedichtband *Letzte Tänze* von Günter Grass, schließt mit einem Absatz, den ich gerne übernehme: »Ich weiß schon, ich habe hier etwas reichlich zitiert, aber man sollte es nicht belächeln. Denn – so ein anderer Nobelpreisträger aus Lübeck – ›auch das Zitieren ist eine Form der Dankbarkeit‹.«

REGISTER

BILDNACHWEIS

Florian Aicher, Leutkirch: Abb. 22 (Otl Aicher)
Thomas Anz, Seefeld: 3-10, 13-21, 23, 26, 32, 36-38 (Nachlass Marcel Reich-Ranicki)
Atrium Verlag AG, Zürich: 12 (Thomas Kästner)
F.A.Z.-Foto, Frankfurt am Main: 28 (Wolfgang Eilmes)
Forbert, Warschau: 11
Jüdisches Museum Frankfurt am Main: 34 (Ursula Seitz-Gray), 40 (CDN/Schweizerische Eidgenossenschaft/Nachlass Marcel Reich-Ranicki)
Barbara Klemm, Frankfurt am Main: 25
Isolde Ohlbaum, München: 27, 42
picture-alliance, Frankfurt am Main: 43, 46 (Arne Dedert/dpa); 1 (Stefan Hesse/dpa/Fotoreport); 45 (Sebastian Kahnert/dpa); 30 (Kleefeldt/dpa/Fotoreport); 39 (Fabian Matzerath/dpa/Fotoreport); 2 (Bruni Meya/akg-images)
Der Spiegel, Hamburg: 31, 33
Bettina Strauss, Ulm: 35, 44
Thienemann-Esslinger Verlag GmbH, Stuttgart: 41 (Thienemann)
Uppsala Bild: 24
ullstein bild, Berlin: 29 (Teutopress)
Wikipedia, Berlin: 47 (Simsalabimbam)

NF 322/1/2.16

»Ein Plädoyer für die Poesie der Frauen.«
Marcel Reich-Ranicki

»Gedichte können die Zeit besser überstehen als die prächtigsten Tempel und Paläste«, sagt Marcel Reich-Ranicki. Dieser Band versammelt die für den Literaturkritiker wichtigsten und schönsten Gedichte deutscher Lyrikerinnen vom Mittelalter bis zur Gegenwart. Die vorliegende Sammlung macht in ihrer Vielfalt den Band nicht nur zu einem anregenden Lesevergnügen, sondern auch zu einer bislang einzigartigen Literatur- und Kulturgeschichte.
Mit Gedichten von Annette von Droste-Hülshoff, Ricarda Huch, Nelly Sachs, Getrud Kolmar, Marie Luise Kaschnitz, Mascha Kaléko, Friederike Mayröcker, Ingeborg Bachmann, Elisabeth Borchers, Sarah Kirsch, Ulla Hahn, Ulrike Draesner u.v.a.

Frauen dichten anders. Deutsche Dichterinnen vom Mittelalter bis zur Gegenwart. Ausgewählt von Marcel Reich-Ranicki. insel taschenbuch 4240. 246 Seiten

NF 324/1/2.16

»Der kostbarste Schatz deutscher Lyrik.« ***Marcel Reich-Ranicki***

»Von allen Schätzen der deutschen Dichtung ist dies der kostbarste: die Lyrik Goethes. Vielleicht gibt es Autoren deutscher Zunge, deren poetisches Werk umfangreicher ist, doch keinen gibt es, der so viele Gedichte geschrieben hätte, die bis heute lebendig geblieben sind, keinen, dessen Lyrik zarter und klüger, vielseitiger und farbenprächtiger wäre, nachdenklicher und temperamentvoller.
Nicht alle seine bedeutenden Gedichte sind hier versammelt. Doch alle, die sich hier finden, sind aufschlußreich und charakteristisch und daher eben auch bedeutend. Vor allem sind sie, um es ganz altmodisch auszudrücken, schön.« *Marcel Reich-Ranicki*

Aus dem umfangreichen und einzigartigen Werk Johann Wolfgang Goethes versammelt dieser Band die schönsten Gedichte – berühmte wie weniger bekannte, vertraute wie vergessene, herausgegeben von Marcel-Reich Ranicki.

Johann Wolfgang Goethe, Die schönsten Gedichte. Herausgegeben von Marcel Reich-Ranicki. insel taschenbuch 4459. 250 Seiten

NF 325/1/2.16

»Ein Triumph über das Unsagbare.«
Marcel Reich-Ranicki

»Er war das Idol und der Abgott ganzer Generationen deutscher, mehr noch, europäischer Leser, und sein klangvoll-rhythmischer Name wurde zum Inbegriff des Poetischen: Rainer Maria Rilke. Er war ein genialer Künstler. Er wußte mit dem Reim umzugehen wie nur wenige Dichter in der Geschichte unserer Literatur, er hat der Sprache ungeahnte Klänge und Melodien abgewonnen. In vielen Versen vermochte er auszudrücken, was unaussprechbar schien: Seine Poesie ist ein Triumph über das Unsagbare.« *Marcel Reich-Ranicki*

Der Zauber von Rilkes Versen ist bis heute ungebrochen. Dieser Band versammelt die schönsten Gedichte aus seinem lyrischen Werk, herausgegeben von Marcel Reich-Ranicki.

Rainer Maria Rilke, Die schönsten Gedichte. Herausgegeben von Marcel Reich-Ranicki. insel taschenbuch 4460. 250 Seiten

NF 326/1/2.16

Tucholskys beliebteste Erzählungen in einem Band

Mit augenzwinkernder Leichtigkeit erzählt Tucholsky in *Rheinsberg* von den unbeschwerten Urlaubstagen der Verliebten Claire und Wolfgang im Märkischen. Das Glück auf *Schloß Gripsholm* hingegen erweist sich als Idyll auf Zeit: Daddy und Lydia können dem Alltag nicht entkommen, die Sorgen reisen ihnen hinterher …
Die beiden beliebtesten Erzählungen Tucholskys in einem Band – mit einem Nachwort von Marcel Reich-Ranicki.

Kurt Tucholsky, Rheinsberg. Schloß Gripsholm. Mit einem Nachwort von Marcel Reich-Ranicki. insel taschenbuch 4518. 211 Seiten.

NF 486/1/12.19